이제부터
사장부인은
재무분석의
프로다

KOREKARANO SHACHOUFUJIN WA ZAIMUBUNSEKI NO PRO NI NARE!

© CHIZU YANO 2011

Originally published in Japan in 2011 by Ark Publishing Inc.

Korean translation rights arranged through TOHAN CORPORATION, TOKYO.,

and EntersKorea Co., Ltd., SEOUL

이 책의 한국어판 저작권은 (주)엔터스코리아를 통해 저작권자와 독점 계약한 베이직북스에 있습니다.

저작권법에 의하여 한국 내에서 보호를 받는 저작물이므로 무단전재와 무단복제를 금합니다.

이제부터
사장부인은
재무분석의
프로다

김영묵(태영회계법인) 감수

야노 치즈(矢野千壽) 지음 · 박해순 옮김

베이직북스

차례

제2부 결산서를 분석하고 경영에 활용하라

경영판단에 도움이 될 만한 결산서 읽는 법을 몸으로 익혀라

4장 만일의 경우에도 당신의 회사는 안전한가?

5장 당신의 회사는 버는 힘이 얼마나 되는가?

중소기업의
행복지수 열쇠는
사장부인이 쥐고 있다

경영 마인드를 가진 사장부인은 회사의 활력소

회사의 행복지수란
무엇일까?

벌써 30년 전 일이다. 남편이 갑자기 병으로 쓰러지는 바람에 필자는 어느 회사의 경리사무원으로 일하게 되었다.

필자가 입사한 해 그 회사는 5,000만원의 적자를 내고 있었다. 다음해 적자가 2,000만원으로 줄었다. 그리고 3년 만에 흑자로 전환하였으며, 4년째, 5년째 3억원 이상의 이익을 내게 되었다.

실적 회복의 기쁨을 서로 나누기 위해 사장은 20명의 회사직원 전원에게 결산 상여금[1]을 주었다. 적자가 지속되는 동안 함께 힘써준 직원들이다. 할 만큼은 다 해주고 싶었을 것이다.

그때 사장은 장부의 숫자를 뚫어져라 바라보면서 이리저리 고민하며 몇 번이고 다시 계산하고 또 계산했다. 경리를 맡고 있던 나와 상의도 했다. 그러나 그때까지 적자경영을 지속해오고 있었으므로, 최종적으로 결산상여금으로 확보할 수 있는 금액은 1000만원이었다. 1 인당 1000만원이 아니다. 20명 합쳐서 1000만원이다.

그때 필자는 뼈저리게 느낀 바가 있다. 설령 3억원의 이익이 나도 직원에게 나눠줄 수 있는 상여금은 1인당 불과 50만원에 불과했다. 회사의 이익이란 그런 것이다. 어지간히 큰 이익을 내지 않는 한 모두 가 행복해질만큼 직원 한 사람 한 사람에게까지 이익이 골고루 미치 지 못한다. 그런 생각을 하고 있는 내 옆에서 어느 직원이 말했다.

"아, 괜찮아. 내년에도 결산 상여금을 받을 수 있도록 모두 열심히 힘내서 일하자!"

이렇게 고마울 수가 있을까! 고작 50만원의 상여금으로도 이처럼 기쁘게 회사를 위해 힘내자고 말해주는 직원이 있다니. 이런 직원이 늘어나면 회사는 더 좋아질 것이다. 회사는 그들을 위해서라도 더 많 은 이익을 내야 한다고 생각했다.

지금 필자는 '사장부인 육성 컨설턴트' 로서 전국 각지를 돌며 중소 기업 경영을 도와주고 있다. 고문을 맡은 회사를 방문하여 장부를 볼 때 필자가 철저하게 집착하는 것은 '이익' 이다. 그때 직원이 힘내서 일하자던 말이 아직도 뇌리에 박혀 있기 때문이다.

회사의 행복이란 무엇일까? 사회적 평가, 매출 규모, 사장의 꿈 실 현, 사회 공헌 등, 여러 요소를 생각할 수 있겠지만, 첫째는 역시 재무 상태의 건전성이 아닐까? 대출금을 갚는데 전전긍긍하다 보면 경영 이 안정되지 않아 직원들에게 만족스러운 급여도 줄 수 없다.

회사의 재무상태가 좋아지려면 가장 중요한 것은 매출이 아니라 이익이다. 아무리 매출이 많아도 이익이 적으면 남는 것이 없다. 회사의 이익이 올라가지 않으면 사장도 직원도 결코 행복해질 수 없다.

사장부인은 어차피 회사와 끝까지 함께 해야 할 운명공동체이다

회사가 이익을 내지 못하면 사장부인 역시 행복해질 수 없다. 특히 중소기업의 경우는 회사 재무 상태와 사장부부의 가정생활 가계부가 하나로 연결되어 있는 경우가 대부분이다. 자택이 회사 대출금의 담보²⁾로 잡혀 있거나 사장부인이 보증인³⁾으로 되어 있는 경우가 많으므로, 회사 실적이 악화되어 도산이라도 하게 되면 사장부부는 살 집마저 잃어버리게 된다. 생활기반이 모두 무너져 이혼하는 일도 드물지 않다.

그런 일이 없어야겠지만 이것은 명백한 사장부인의 숙명이다.

그리고 사장부인의 숙명하면 잊지 말아야 할 것 중의 한 가지는 대개의 경우 사장부인이 제1순위 사업승계자라는 점이다. 불행하게도 사장에게 무슨 일이 생기면 남편의 사업을 승계해야 하는 커다란 책임이 저절로 발생하게 된다.

사장부인은 자기가 그런 입장이라는 것을 자각해야 한다. 회사의 운명과 사장부인의 운명은 죽을 때까지 함께 해야 하는 운명공동체임을 명심하도록 하자.

하지만 사장부인은 그와 같은 '부정적인'의 가능성만 갖고 있는 것이 아니다. 순조롭게 회사를 경영하여 이익을 충분히 창출해낸다면 사장이나 직원 모두가 행복해진다. 물론 사장부인도 행복해진다. 모두가 행복하면 회사는 더욱 발전한다. 아주 이상적인 사이클이다.

여기서 중요한 것은 그러한 행복의 사이클을 실현하기 위해 사장부인은 사장부인이기 때문에 완수해야 할 커다란 역할이 있다는 것이다.

사장부인으로서의 숙명을 받아들일 각오와 사장부인으로서의 역할을 완수하려는 강한 의지가 있으면 회사가 이익을 창출하고 실적을 확대하는데 크게 공헌할 수 있다.

사장부인이기 때문에 가능한 것은 따로 있다

그럼, 사장부인의 역할이란 무엇일까? 필자는 사장 즉 경영자의 비즈니스 파트너로서 경영 마인드를 가진 유일무이의 보좌관이 되어 음으로 양으로 사장을 응원해 주고 후원자가 되는 것이라 생각한다.

예를 들어 사장과 간부직원 간의 의사소통이 원활하지 않다면 관계

개선을 위한 가교역할을 사장부인이 할 수 있다. 직원의 사기가 떨어져 있을 때는 동기부여를 할 수 있도록 사장부인이 앞장서기도 한다. 직원이 충분히 능력을 발휘하지 못한다고 느끼면 사장부인은 인재육성이나 의식개혁, 조직개혁의 방법을 생각해낸다.

사장이 '공격적'으로 경영하여 다른 여유가 없을 때 사장부인은 '수비' 체제를 고수한다. 그리고 사장이 고민거리가 있을 때는 상담자가 되어 사장과 꿈을 공유하며 그 실현에 전력을 다해 힘을 보탠다.

사장은 고독하다. 매일매일 수많은 직원이나 스텝에 둘러싸여 있어도 직원들 앞에서 약한 소리를 하거나 우는 소리를 입 밖에 낼 수 없다. 속마음을 숨김없이 털어놓고 이야기를 나눌 상대가 별로 없다. 게다가 사장은 무슨 일이 있어도 절대 도망갈 수 없다. 회사경영의 모든 결과가 사장 한 사람의 어깨를 무겁게 짓누르고 있다.

물론 사장부인에게도 고민이 있을 것이다. 사장과 생각이나 의식의 차이로 갈등할 수 있을 것이고 불평불만도 있을 것이다. 그래도 꿈이 있지 않은가. 남편과 둘이 회사를 시작했을 때 혹은 남편과 결혼해 가업을 승계했을 때 '이런 회사를 만들고 싶다, 이런 인생을 살고 싶다'는 꿈이 있었을 것이다.

사장도 마찬가지다. 어떤 사장이건 꿈은 있기 마련이다. 그 꿈을 사장과 공유할 수 있는 사람은 사장부인뿐이다. 사장은 똑같은 꿈을 서로 이야기하며 함께 걸어갈 수 있는 사람을 찾고 있다. 그것이 가능한 사람은 아내인 사장부인 한 사람뿐이다. 그러므로 사장부인은 사장에게 최고의 경영파트너가 되어 주어야 한다.

이전에 출간했던 저서 『이제부터 사장부인은 회사경영의 프로가 되라』는 그런 관점에서, 특히 '의식'의 문제에 초점을 맞추어 필자가 생각하는 '넘버2의 역할학'을 정리한 것이다.

본서는 그 후속편으로 특히 재무관계의 '실무'에 초점을 맞추었다. 사장부인이 경영 마인드를 갖추고 재무의 일부분을 담당하고 실무적으로 서포트하는 것이 아주 중요한 사장부인의 역할이라 생각하기 때문이다.

사장부인이 경영 마인드를 가지면
그렇게 믿음직스러울 수가 없다

미국에서 생활한 적이 있는 지인에게서 흥미로운 말을 들었다. 미국 대학에서 경영학을 전공하는 의욕적이고 활기찬 여학생들 가운데 시골에서 '농장을 경영하는 농장주와의 결혼을 매력적인 인생의 선택의 하나로 여기는 사람들이 있다고 한다.

한국 농가와 비교하여 미국의 농장은 대규모가 많다. 거대자본으로 수많은 노동자를 고용하여 운영하고 있는 대농장은 말 그대로 '비즈니스'이다. 사실 소규모의 가족 경영 농장도 사업처럼 운영하여 성공하려면 상당한 비즈니스 마인드가 요구된다. 그러나 농장주는 늘 현장작업으로 바쁘기 때문에 경영에까지 신경 쓸 여력이 없다. 그때 농장주 부인이 활약할 수 있는 자리가 바로 경영부문이다.

농장주의 부인은 남편을 대신하여 농장과 관련된 사무 일체를 인수한 다음, 남편이 농장에서 땀 흘리며 일하고 있는 동안 수확고나 경비를 계산하여 매출과 이익을 확인하고 재무 상태를 점검하고 시장 동향이나 작물에 관한 최신정보를 수집하고 다음해 작물심기 계획이나 장래의 비전을 생각해야 한다.

대학에서 배운 경영학 지식을 그곳에서 적극적으로 활용하면 된다. 탁월한 역할분담이지 않은가? 이러한 조합이라면 아마도 두 사람의 꿈은 하나로 합쳐져 차츰 이익을 향상시키며 농장을 확대해갈 것이다.

유감스럽게도 한국 중소기업의 사장부인이 그렇게까지 경영에 참여하는 사람은 극소수에 불과할 것이다. 물론 더 관여하고 싶다고 생각하는 사장부인도 있을 것이다.

그러나 한국의 기업 체질, 한국사회가 그러한 사장부인을 받아들여 길러낼 수 있는 토양이 만들어져 있지 않다. 사장부인이 경영 마인드를 갖고 비즈니스 파트너로서 사장을 서포트할 수 있게 되면 회사 입장에서도 그렇게 믿음직스러울 수 없을 텐데…….

필자가 '사장부인 육성 컨설턴트'라는 일을 시작한 것은 바로 그 때문이다. 회사를 경영하는 사람은 어디까지나 사장이다. 그러나 사장부인은 매년 회사가 정확하게 이익을 창출해 내고 재무 상태가 안정되어 사장부부와 직원이 풍요롭게 생활할 수 있도록 실무면에서 회사경영을 옆에서 서포트할 수 있다. 사장과 직원들 사이에서 생길 수 있는 인식의 차이도 메울 수 있으므로 부부관계도 좋아진다.

즉 사장과 사장부인이 공적으로나 사적으로 완벽하게 이상적인 파트너가 될 수 있다. 이것은 사장부부뿐 아니라 회사나 직원에게도 좋은 일이 아닐까? 중소기업의 행복 여부는 사장부인이 열쇠를 쥐고 있다고 해도 과언이 아니다.

---

1) 결산상여금 : 회사의 업적에 따라 지급되는 상여금. 정기상여금은 보통 년 2회 지급되며 금액의 증감은 있지만 임금 규정에 따라 거의 확실하게 지급되는데 비해 결산상여금은 업적이 악화되면 지급되지 않는다. 기말이 가까워져 업적이 좋아지거나 실제로 결산해서 목표를 달성했을 때 지급된다.

2) 대출 담보 : 빌린 돈을 갚지 못할 경우를 대비해 미리 대출자에게 제공하는 재산이나 권리. 보험으로 부동산 등의 저당권을 잡거나 실제로 물건을 맡는 것을 '물적담보' 라 한다. 이에 대해 보증인이나 연대보증인을 세우는 것을 '인적담보' 라 한다.

3) 보증인 : 채무자가 돈을 갚지 못할 경우에 빌린 사람을 대신해서 갚을 것을 약속한 사람. '보증인' 에 비해 '연대보증인' 은 책임이 더 무겁고 채무자와 완전히 동일한 의무를 진다.

회사 내부적으로

결산업무를 처리하는 시스템을

갖추는 것이 급선무

1부

중소기업의
사장부인이라면
결산업무부터 배워라

결산업무를 회사 내부에서 처리하는 것이
회사를 키우는 비결이다

 필자는 사장부인 육성 컨설턴트로
서 2002년부터 중소기업 사장부인을 대상으로 '사장부인 혁신 강좌'
를 주최하고 있다.

현재 이 세미나에는 수준별로 기초편, 실천편, 전략편(꿈 만들기 회
계)으로 구성되어 있는데, 기초편 커리큘럼의 주축이 되는 것은 결산
업무를 '회사 스스로 기장하는 것', 즉 일일결산부터 연차결산까지 모
든 실무 작업을 사장부인의 책임으로 회사 내에서 행하도록 하는 것
이 목표이다. 회사 자체에서 기장하는 것이야말로 경영 마인드를 가
진 사장부인이 되기 위한 첫걸음이기 때문이다.

한국의 중소기업은 결산업무를 회계사무소나 세무사무소에 맡기
는 회사가 적지 않다. 그 결과로 사장부인이나 이사는 물론 사장조차
도 결산서를 읽어내지 못하는 경우가 종종 있다.

다시 말해 그것은 회사 내에 자기 회사의 재무 상태를 알고 있는 사람이 아무도 없다는 것을 뜻한다. 이 얼마나 참담한 일인가!

그렇게 되면 만일의 경우 일이 터졌을 때 우리 회사를 지킬 수 없다. 도산하고 나서야 비로소 '아~, 이런 상태였었나!' 하고 때 늦은 후회를 하게 된다. 경영이 파탄난 중소기업을 과연 회계사무소에서 도와줄까? 은행은 기꺼이 대출해줄까?

대기업과 달리 중소기업은 인력이 부족하므로 회사 내에서 결산업무까지 할 수 없다고 생각할지 모른다. 그러나 중소기업이기 때문에 회사 자체에서 결산업무를 기장할 필요가 있다.

재정적인 기반이 취약한 중소기업은 일단 캐시플로(cashflow, 일정한 기간 동안에 기업에 유출·유입되는 자금)가 막히면 바로 심각한 경영위기에 빠진다. 대기업처럼 국가가 보호해주지 않는다.

"내 회사는 나 스스로 지킨다."

이것이 중소기업이 살아남기 위한 철칙이다. 그 때문에 회사 자체적으로 결산업무를 반드시 해결해야 한다.

자기 책임 아래 모든 결산업무를 행할 수 있으면 사장부인은 늘 자기 회사의 재무 상태를 정확히 파악할 수 있게 된다. 사장이 중요한 시점에서 경영판단을 내릴 때 언제라도 유용한 데이터를 제공할 수 있다. 이 상태로는 위기라 생각하면 사장에게 즉시 보고하여 조기에 손을 쓸 수 있다. 매출이나 이익이 올라가지 않을 경우에 다양하게 재무 상태를 분석함으로써 회사의 문제점이 어디에 있는지를 파악하고 개선책을 모색하여 사장에게 조언을 할 수도 있다.

결산업무를 회사 자체에서 행하는 것은 일일이 헤아릴 수 없을 정도로 많은 장점을 갖고 있다. 회계장부의 자체 작성의 실현이야말로 사장부인을 실질적인 사장의 비즈니스 파트너로 만들어준다.

그래서 본서의 제1부에서는 회사 자체 내에서 결산업무 기장을 실현하기 위해 필요한 실무 지식에 관하여 이야기하려고 한다.

1장에서는 일반적으로 '결산서'라고 불리는 재무제표 중, 특히 중요한 재무상태표와 손익계산서가 우리에게 무엇을 가르쳐주는지에 관해 설명할 것이다.

2장에서는 결산업무 전반에 걸쳐 사장부인의 역할을 중심으로 이야기를 진행할 것이다.

3장에서는 중소기업에 가장 중요한 '자금흐름(캐시플로)'의 의미와 결산서 읽는 법에 관해 배우기로 하자.

사장부인이
재무를 알아야
회사를 키울 수 있다

정확한 경영 판단은 결산서 분석에서 출발한다

01 '대표이사 부인'에 만족하고 있어서는 절대로 안 된다

한번쯤 회사의 결산서를 읽어본 적이 있는가?

 어느 관광회사 사장부인 A씨와 점심을 먹고 있는데 A씨가 불평을 조금 늘어놓았다.

"저의 임원 보수¹가 겨우 월 85만원이에요. 사장부인인데도 그렇다니까요……."

'사장부인'이란 말에서 유복하고 우아한 생활을 하고 있는 특권계층의 여성을 떠올리는 사람도 있을지 모르지만 어림없는 이야기다. 중소기업 사장부인 중에는 A씨처럼 적은 보수로 필사적으로 일하고 있는 사람이 많이 있다.

A씨는 결코 게으름뱅이 사장부인이 아니다. 사무적인 일, 전화 받기, 사무실 청소 등 온갖 잡일까지 그때그때 닥치는 대로 열심히 일하는 사람이다. 그런데도 매월 보수가 고작 85만원이라니……. 참으로 딱한 일이다.

하지만 필자는 일부러 A씨에게 신랄하게 말했다.

"회사의 결산서 본 적 있나요?"

"슬쩍 보는 정도지요. 잘 알 수 없지만."

"자, 함께 살펴볼까요. 이걸 보면 왜 A씨가 85만원밖에 받지 못하는지 알 수 있어요."

대답은 분명했다. A씨의 회사는 최근 몇 년 동안 실적부진으로 재무상태가 악화되었고, 크게 채무초과[2]에 빠져 있었다.

"A씨는 사장부인인데도 보수가 낮다고 말하지만 회사는 이 지경이에요. 보수를 더 많이 주고 싶어도 줄 수 없지요. '사장부인인데도'가 아니라 '사장부인이므로' A씨는 더 남다른 일을 해야 하지 않을까요?"

필자는 A씨에게 '사장부인이 전력을 다하기 위한 마음자세'에 관해 설명했다. 사장부인은 '사모님·아내'라는 의식을 버리고 비즈니스 파트너로서 '조직의 일원'이 되어야 한다. 사장부인은 사장의 경영마인드에서부터 경영스타일, 강점과 약점 모두를 가장 잘 아는 최측근이라고 할 수 있다. 그러므로 사장이 강점을 보이는 분야에 대해서는 전적으로 사장에게 맡기고 사장부인은 사장의 약점을 현명하게 보완하는 참모·보좌 역할을 해야 한다.

A씨는 현명한 여성이었다. 그때까지는 '사장 마누라가 너무 겉으로 드러나면 안 된다'고 생각하여 뒷일처리에만 신경을 썼지만, 이젠 그런 것을 말할 상황이 아니니 자기가 사장부인으로서 무엇을 해야

할지 바로 이해한 것 같았다.

그리고 1개월 후에 만났을 때 그녀는 몰라보게 달라져 있었다.

때마침 그 무렵 A씨의 회사는 버스여행 기획 상품을 추진하고 있었다. 누구에게나 자신을 갖고 권할 만한 내용의 기획 상품인데 고객이 별로 모이지 않아 40명 정원의 절반도 채우지 못하는 상황이었다. 이전의 A씨라면 '영업은 내 일이 아니다' 라고 생각하여 적극적으로 움직이려 하지 않았을 것이다. 그런데 지금은 달랐다. 가까운 사람들에게 여행상품에 대해 말했더니 바로 고객 6명이 신청했다.

이전부터 필자는 'A씨는 영업 센스가 있다' 고 느끼고 있었다. 문제는 본인이 그 점을 의식하고 실천하는 것뿐이었다.

"그것 보세요, 하니까 되잖아요. 당신은 영업할 수 있어요."

크게 자신을 얻은 A씨는 이후 영업부터 새로운 사업 입안에 이르기까지 폭넓게 회사경영에 관여하게 되었다. 그것은 A씨의 남편 즉 사장에게도 바람직한 변화였다. 이윽고 그녀는 문자 그대로 사장의 파트너로서 누구나 높이 평가하는 존재가 되었다.

사장부인이 '사모님'을
탈피할 때 회사가 산다

 예전의 A씨처럼 매달 85만원 정도
의 보수밖에 받지 못하고 직책도 명함도 없이 일하고 있는 사장부인
은 의외로 많지 않을까?

설령 사장의 아내라도 일을 하고 있는 이상 일의 질과 양에 걸맞은
급여를 받아야 한다고 생각한다. 또 정당하게 받은 급여의 금액에 맞
는 세금을 내야 한다. 물론 장기간의 불황으로 충분히 급여를 주고 싶
어도 주지 못하는 회사도 많을 것이다. 그래도 그런 상황이 합당하다
고 생각하지 않는다. 사장부인이 적정한 급여를 받기 위해서라도 재
무상태 개선을 목표로 더욱 노력해야 한다.

또 사장부인에게도 일의 내용과 역할에 맞는 직책이 필요하다. 명
함도 있어야 할 것이다. 필자는 종종 농담 삼아 '대표이사 부인'이라
는 말을 사용하지만, 그런 애매한 입장에 만족해서는 안 된다. 정식
직책도 명함도 없으면 사장부인 스스로 어디에 자리해야 할지 알 수
없기 때문이다. 직책과 명함! 이상하게도 단지 이 두 가지가 주어지는
것만으로 사장부인의 의식은 달라진다.

사장 부양가족이라는 자리를 박차고 자기의 역할과 직책에 어울리
는 책임감을 가짐으로써 사장부인은 비로소 '사장의 사모님'을 벗어
나 한 사람의 '조직원'이 될 수 있다.

그럼 사장부인이 해야 할 역할이란 무엇일까? 필자는 사장의 비즈니스 파트너로서 행동하는데 어울리는 '인간성'과 '실무능력'이라 생각한다. 사장부인에게 요구되는 인간성에 관해서는 이전의 책『이제부터 사장부인은 회사경영의 프로가 되라』에서 상세하게 다루었다. 따라서 본서는 또 하나의 중요한 요소인 실무능력에 관해 이야기하려 한다.

그런데 한 마디로 '사장부인'이라고 말하지만 실제로는 다양한 유형의 사장부인이 있다. 예를 들어 사내의 업무 전반에 걸쳐 사장의 서포트 역할에 충실한 뒤처리 유형의 사장부인, 전무나 상무 같은 직책을 갖고 경영간부의 한 사람으로 회사경영에 참가하고 있는 사장부인, 혹은 남편 회사에서 분리·독립해서 회사 경영을 맡고 있는 자립형 사장부인, 또 가정생활을 우선시하면서 무리하지 않는 범위에서 남편의 일을 도와주는 사장부인도 있고, 회사경영에는 전혀 관여하지 않고 가사 일에 전념하고 있는 전업주부형 사장부인도 있다.

그러나 프롤로그에서 밝혔듯이 어떤 유형의 사장부인이건 공통되는 '숙명'이 있다. 남편의 회사경영이 순조롭지 않으면 사장부인도 행복해질 수 없다. 그리고 사장인 남편에게 만일의 경우 불행한 일이 생기면 사장부인이 1순위 사업승계자가 될 가능성이 높다. 사실 남편이 사망한 후 사장의 일을 승계하여 활약하고 있는 여성도 꽤 있다.

어떤 유형의 사장부인이건 회사경영에 필요한 최소한의 지식과 실무능력을 익혀두어야 함은 분명한 사실일 것이다.

특히 중요한 것이 재무와 관련된 지식과 능력이다. 왜냐하면 재무야말로 기업경영의 핵심이기 때문이다. 지금 자기 회사가 어느 정도 매출을 올리고 그중 얼마나 이익을 내고 있는지, 매월 필요한 경비[3]는 어느 정도이고, 그만큼의 경비를 지출하려면 매출이 얼마나 필요한지, 혹은 대출은 어느 정도이고 매달 얼마나 갚아가고 있는지, 상환액에 적합한 이익은 내고 있는지…….

모두 정확한 경영 판단을 내리기 위해 필요 불가결한 자료이다.

---

1) 임원 보수 : 회사의 임원(이사나 감사 등)에게 지불하는 급여를 말한다. 회사법이나 회계에는 원칙적으로 임원보수와 임원상여를 동일하게 취급하며 비용으로 처리한다. 그러나 세무에서는 임원에 대한 급여 가운데 상여와 퇴직급여 이외에 정기적으로 지급한 것을 임원보수라 하여 이를 손금(회계에서 말하는 비용에 상당)으로 할 수 있지만 일정 한도 내에서 손금으로 할 수 있다.

2) 채무초과 : 회사의 채무가 자산을 웃도는 상태이다. 이 상태로 회사를 청산하면 모든 자산을 매각해도 빌린 돈을 갚을 수 없는 상황이 되기 때문에, 파산의 경영 상태에 빠져 있다고 할 수 있다.

3) 필요경비 : 이익을 창출하기 위해 필요로 하는 경비이며, 집세나 교통비, 급료 등. 어림잡아 말하면 매출에서 매출원가를 뺀 금액이 매출총이익이고 거기서 필요경비를 공제하면 영업이익을 계산할 수 있다. 매출총이익보다 필요경비 쪽이 많으면 영업손실이 된다.

02 사장을 대신하여 결산서를 분석하고 사장이 필요로 하는 자료를 만들어라

회사의 결산서는
국가 기밀정보와 다름없다

중소기업은 경리와 재무의 구별이 명확하지 않고 경리 책임자가 재무까지 담당하는 경우가 흔하다. 본래 경리와 재무는 밀접하게 연관되어 있으므로 충분한 지식이 있는 사람이 업무를 겸하는 것은 문제가 되지 않는다. 기업활동의 측면에서 보면 경리는 재무의 일부이며 재무는 경영의 일부이다.

'경리'란 매일매일의 자금 거래 내역을 기록하는 것이다. '재무'란 영업에서 얻은 이익의 운용 즉 자금관리를 하는 것이다. '경영'이란 재무를 포함하여 신상품개발, 영업, 판매, 인재교육 등 기업 활동 전반에 걸쳐 판단하는 것이다.

그러한 기업활동의 결과를 정리한 것이 '결산서'이다. 회사가 충분한 수익을 올려 순조롭게 성장, 발전하려면 1년간 활동의 집대성인 결산서를 분석하고 다음 연도 이후에 활용할 수 있어야 한다. '결산서를 분석한다'란 그런 것이다.

그러나 결산을 행하는 것은 1년에 1번뿐이다. 현재의 활동성과를 12개월 후에 확인하는 것은 너무 늦으며, 중요한 판단을 내릴 때 참고가 되는 데이터가 12개월 전 숫자라면 너무 오래된 것이다. 그래서 1개월마다 정리한 '월차결산'이 중요해진다. 그 기본이 되는 것이 매일의 거래 기록인 '일차결산'이다.

회사에 따라 사장이 재무까지 담당할 수도 있을 것이다. 그러나 현실적으로 사장이 매일 경리사무까지 행할 수 없는 것이 문제이다. 경리 지식을 갖고 또 회사의 전체적인 일까지 파악하고 있는 사람의 서포트가 필요하다. 그때 등장해야 할 사람이 사장부인이다.

단, 그렇게 서포트할 수 있는 사람이 되려면 결산서를 읽고 분석할 수 있을 만큼의 능력을 갖추고 있어야 한다. 결산서를 읽지 못하는 사장부인은 장차 남편의 뒤를 이어 사장이 되기는커녕 사장의 파트너로서 남편을 보좌할 때도 미덥지 못하다는 인상을 지울 수가 없다.

물론 애초부터 사장 자신이 결산서를 읽는 편이 좋을 것이다. 그러나 한국 중소기업의 현실은 사장이 결산서를 읽지 못하거나 혹은 바르게 읽어내려고 노력하지 않는 회사가 많다는 것이 문제이다.

대개의 경우 매월 월차시산표[1] 작성과 결산업무는 사내에서 행하지 않고 회계사무소에 위탁하고 있기 때문이다. 회사 내 사람들은 회계사무소의 지시에 따라 매일 장부를 만들 뿐이다. 그 장부들을 몽땅 회계사무소 직원에게 건네준 다음 '맡겨버리는' 상태이다. 그러므로 사장도 경리담당자도 결산 방식을 모르고, 결산서의 의미도 읽는 법도 모른다. 그 결과 사장의 감각에만 의지한 채 그야말로 위험하기 짝이 없는 경영을 지속하고 있는 것이다.

결산하는 방식이나 결산서가 실제 경영에 얼마나 유용한가에 대해서는 이 책에서 조금씩 풀어나가기로 하고, 여기서는 결산서란 무엇인가에 관해 살펴보기로 한다. 결산관계 서류는 전문용어가 많고 또 숫자로 가득 차 있으므로 처음에는 시작하기 어려울지 모르지만 익숙해지면 그리 어렵지 않다.

먼저 '결산서'란 기업이 어느 일정기간 자사의 재무상황이나 경영성적을 명확히 파악하기 위해 작성하는 몇 종류의 서류를 총칭한다. '재무제표' 혹은 '기본 재무제표'로도 불린다. 1년간의 활동성과를 정리한 기업의 경영자료 같은 것으로 생각하면 될 것이다.

알고 있는 바와 같이 기업은 매년 1번 반드시 장부를 마감하여 결산을 행하는 것이 법률로 의무화되어 있다. 그때 작성된 것이 결산서이고 세무서를 비롯해 은행, 주주, 거래처 등에도 제공된다.

더 중요한 서류는 '재무상태표(B/S)'와 '손익계산서(P/L)'이다. 그 외 '현금흐름표(C/S)'와 '자본변동표(S/S)' '제조원가 보고서' '이익잉여금 처분(결손금 처리)계산서' 등도 포함되는데, 사장부인으로서 먼저 알아두어야 할 것은 재무상태표와 손익계산서에 관해서이다.

재무상태표는 '돈의 출처와 용도'를 나타내는 척도이다

재무상태표(대차대조표)는 어느 일정 시점에서 결산시에 회사의 '재무상태'를 나타내는 표이다. 표 전체가 좌우로 정확하게 분리되어 있는 것이 커다란 특징이며 표의 왼쪽이 '차변', 오른쪽이 '대변'으로 불린다.(도표 1 참조)

도표 1 회사의 재무상태를 나타내는 재무상태표

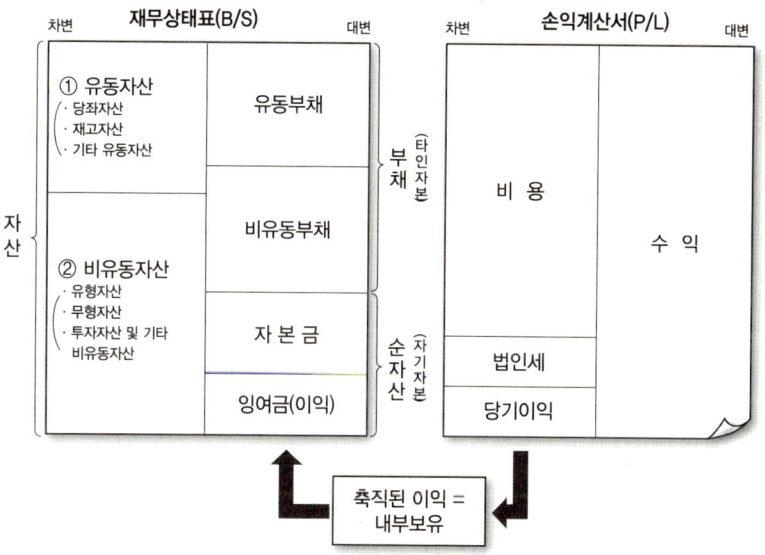

'차변'은 회사가 갖고 있는 '자산' 상황, 즉 회사 돈이 어떤 식으로 사용되고 있는지, 어떤 형태로 바뀌고 있는지를 나타낸다. 한편 '대변'은 그 돈을 어디에서 조달했는지를 나타내고 있다.

그럼 차변과 대변의 내용을 더 상세하게 살펴보도록 하자.

왼쪽의 차변 즉 '돈의 용도'는 다시 두 가지로 나뉜다.

① '유동자산' ② '비유동자산'이다.

① 유동자산이란, 보통 1년 이내에 현금으로 회수 가능한 자산을 말하며 '당좌자산' '재고자산' '기타 유동자산'으로 구성된다.

당좌자산이란 현금, 예금 같은 자산, 상품을 판매했지만 아직 현금으로 회수되지 않은 매출채권(외상매출금·받을 어음), 유가증권 등 환금성이 높은 자산을 말한다.

재고자산이란 일반적으로 재고라 할 수 있으며 판매활동을 통해 현금 혹은 매출채권 등으로 바꿀 수 있는 자산을 말한다.

기타 유동자산에는 단기대여금, 선급금, 선급비용 등이 있다.

가계와 비교해서 생각하면 유동자산은 바로 사용할 수 있는 현금이나 보통예금 같은 것으로 기업에게 유동자산이 많다는 것은 언제라도 현금으로 바꿔 사용할 수 있는 자산이 많음을 뜻하므로 그만큼 융통성이 높아지게 된다.

그러나 매출채권 중에 회수가 불가능한 불량채권[2]이 있거나 재고자산 중에 과대평가된 재고나 불량재고 등이 있으면 현금으로 바꾸는 것이 불가능해지므로 주의하지 않으면 안 된다.

② 비유동자산이란, 1년 이상 꾸준히 회사에서 이용되는 자산과 1년 지나 회수가 예정되어 있는 자산을 말한다. 비유동자산에는 '유형자산' '무형자산' '투자자산 및 기타 비유동자산'의 세 가지 종류가 있다.

유형자산이란 토지, 건물, 차량운반구, 기계 및 장치를 말하고, 무형자산이란 특허권[3], 영업권[4] 등 눈에 보이지 않는 자산을 말하며, 투자자산 및 기타 비유동자산에는 투자유가증권, 보험적립금, 출자금, 장기대여금 등이 있다.

토지나 건물같은 유형자산이건 특허권이나 영업권같은 무형자산이건 구입하려면 상당한 금액을 투자해야 한다. 또 현금으로 회수하려면 오랜 시간이 걸린다. 따라서 비유동자산이 많으면 장기간 자금이 묶여 제약을 받게 되므로 경우에 따라 회사경영을 압박하는 요인이 되기도 한다.

한편 재무상태표 오른쪽의 대변 즉 '돈의 출처'는 크게 두 가지로 나뉜다. '부채'와 '순자산'이다.

부채란 제3자로부터 빌린 돈이나 갚아야 하는 빚이다. '타인자본'으로 불린다. 이중 1년 안에 갚아야 하는 빚이 '유동부채'이며, 외상매입금이나 지급어음, 단기차입금, 미지급금 등이 포함된다. 이에 비해 1년 이상에 걸쳐 천천히 갚아도 되는 빚이 '비유동부채'로 장기차입금이나 장기미지급금 등이 있다.

순자산은 부채 이외의 돈으로 '자기자본'으로 불린다. 회사 설립 때 출자자로부터 모은 '자본금'이나 '자본잉여금', '이익잉여금'이 순자산에 포함된다. 이익잉여금은 지금까지 쌓아온 이익의 합계이다.

당연하지만 돈의 사용 용도를 나타내는 차변과 돈의 출처를 나타내는 대변의 합계 금액은 늘 일치해야 하며 균형을 유지하고 있다. 그래서 재무상태표는 영어로 '밸런스시트(Balance-Sheet)'라고 한다.

손익계산서는 '회사의 돈버는 힘'을 보여주는 지표이다

손익계산서는 일정기간 중의 영업 성적을 나타내고 있다.(도표 2) 재무상태표에 비하면 훨씬 단순하고 알기 쉽다고 생각하지만 구조를 살펴보자.

먼저 표 전체는 기간 중에 '매출액'이 얼마였는지를 나타낸다. 매출액에서 매출원가를 뺀 것이 '매출총이익(부가가치)'인데 매출총이익에서 인건비와 감가상각[5]비, 기타 판매비 및 일반 관리비를 공제한 이익이 '영업이익'이다. 영업이익에 영업외수익을 더하여 영업외비용을 공제한 이익이 '경상이익(세전이익)[6]'이다. 경상이익(= 법인세차감전 순이익, 세전이익)에서 법인세를 뺀 이익이 '당기이익'이다. '최종적으로 얼마를 벌었는가'를 한 눈에 볼 수 있는 구조로 되어 있는 셈이다.

재무상태표와의 관계로 말하면 손익계산서 맨 아래 기재된 당기이익(순이익)이 재무상태표의 대변 순자산의 이익잉여금에 가산되고 있다.(도표 1 참조)

회사 경영에는 일정한 사이클이 있다. 그 사이클은 돈(자금)을 빙글빙글 활용하면서 다음 단계로 진행해간다.(도표 3)

도표 2 회사의 돈 버는 힘을 나타내는 손익계산서

손익계산서(P/L)

매출액	매출총이익	매출원가		
		· 인건비 · 감가상각비		영업이익
		기타 판매비		
		영업외 손익	영업외 수익	
			영업외 비용	
		경상이익(세전이익)		

도표 3 자금흐름으로 본 경영사이클

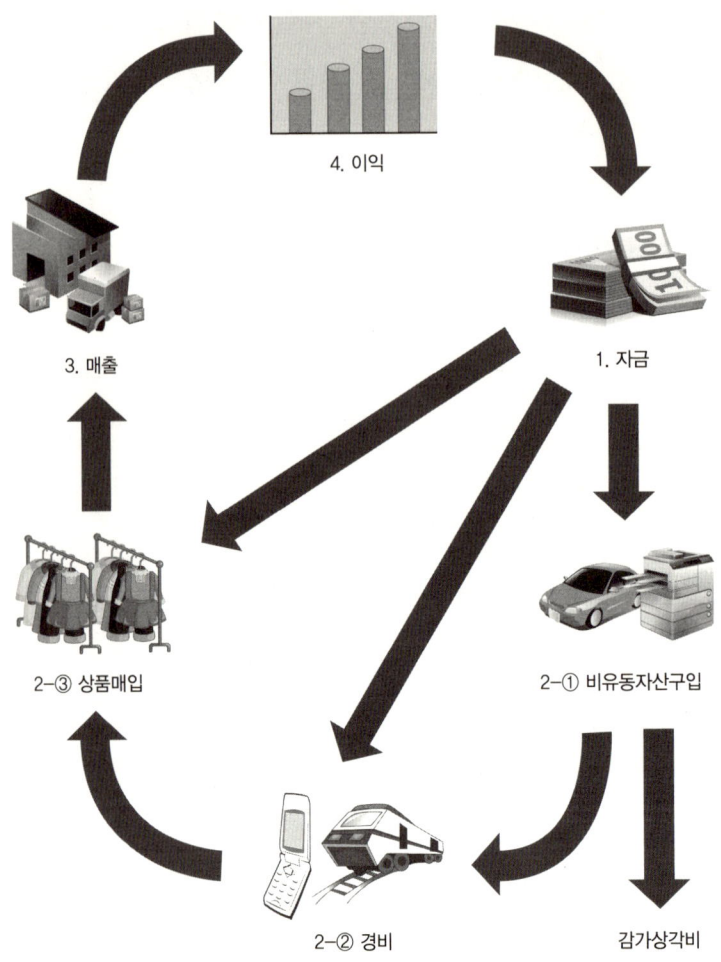

4. 이익

3. 매출

1. 자금

2-③ 상품매입

2-① 비유동자산구입

2-② 경비

감가상각비

예를 들어 최초로 회사를 설립하기 위한 자금을 준비한다. 이것을 '자본금'이라 한다. 그 돈을 사용하여 일을 시작할 때는 사무실을 빌리기 위한 보증금을 지불하고 필요한 사무용품이나 비품을 구입한다. 영업활동을 위한 통신비와 광고비용, 교통비 등의 경비로도 사용한다. 물론 상품을 사들이면 대금을 지불해야 한다. 이 단계에서는 일방적으로 돈을 쓰기만 한다.

매입한 상품이 팔리기 시작하면 반대로 돈이 들어오게 된다. 그것이 매출이다. 그러나 매출이 모두 이익이 되지는 않는다. 매출에서 매입한 상품대금을 공제하고, 통신비와 교통비 등의 경비를 공제하고, 인건비와 기타 판매활동에 필요한 비용을 공제한 다음 마지막에 남은 돈이 이익이다.

그 이익이 '이익잉여금'으로 자금(자기자본)에 더해짐으로써 최초의 사이클이 완결되고, 또 새로운 사이클이 시작된다. 여기서부터 재무이다. 사이클이 돌아갈 때마다 전체 자금량이 커진다면 그 회사는 성장하고 있다는 것, 자금량이 바뀌지 않으면 정체되어 있다는 것, 작아지고 있다면 쇠퇴하고 있다는 것을 보여준다.

손익계산서가 보여주는 것은 그 사이클이 도는 과정에서 생긴 돈의 증감이고, 재무상태표가 보여주는 것은 사이클이 돌아 돈이 증감한 결과 회사의 재무상황은 어떻게 바뀌는가 하는 것이다.

매출에 일희일비해서는
회사를 경영할 수가 없다

 회사가 차츰 이익을 창출해 순자산
이 윤택한 상태가 되면 과감한 투자도 가능하며 신규사업에 진출하는
것도 가능하다. 반대로 손실이 나거나 부채가 지나치게 많은 상황이
라면 더 이상 대출을 받거나 규모가 큰 투자를 하는 것은 위험하다.
어느 정도 투자를 하면 괜찮은지 혹은 투자를 보류하는 쪽이 좋은지
그러한 의사결정을 해야 할 때 가장 중요한 판단 근거나 자료가 되는
것이 재무상태표이며 손익계산서이다.

재무상태표는 그 회사의 '재무체력'을 나타내는 것이므로, 은행 담
당자가 보면 그 회사에 '어느 정도 돈을 갚을 능력이 있는지' 알 수 있
다. 또 새로운 거래처에서 보면 '어느 정도 지불능력이 있는지' 알 수
있다. 가장 중요한 것은 회사의 경영자가 재무상태표를 보면 현재 자
기 회사가 '어느 정도의 돈을 사용할 수 있는지'를 가르쳐주는 아주
중요한 자료가 되는 것이다.

그런데 중소기업 경영자의 대부분은 별로 재무상태표를 보려하지
않고 손익계산서만을 중시하기 쉽다. 그것도 '이익' 부분이 아니라
'매출'에만 신경을 쓰게 된다.

매출이 증가하는 것은 상품이나 서비스가 팔려 돈이 들어오는 것이
므로 재무 관련 장부가 골치아픈 사장이라도 알아보기 쉬울 것이다.

그러나 아무리 매출이 증가해도 원가나 경비가 증가하면 이익이 남지 않는다. 오히려 팔면 팔수록 손실이 커지는 경우도 있다. 외상매출금 회수에 실패하면 '상품은 팔리는데 돈이 없는' 상황에 빠져버리는 수도 있다.

일본의 버블[7] 시대에는 지나치게 많은 대출을 한 것이 원인이 되어 실적을 악화시키는 경우가 많았다. 비싼 상품도 내놓기가 무섭게 날개 돋힌 듯 팔리던 시절이므로 매출지상주의 경영자들은 사업 확대를 위해 계속 돈을 빌려 투자했다. 그 결과 '금리'가 상승하고 거품이 꺼진 후 이익을 압박하는 커다란 원인이 된 것이다.

어느 수산회사에서는 은행에서 대출금을 갚으라는 독촉 때문에 어쩔 수 없이 400억원 정도 되는 재고를 헐값으로 한 번에 매각했다. 그 결과 빌린 돈은 갚을 수 있었지만 이익은 고작 8억원이었다.

경영 사이클이 원활하게 순환하려면 매출도 중요하지만 무엇보다 중요한 것이 이익이다. 이익이 모이지 않으면 다음 사이클이 잘 돌아가지 않는다. 본래 실질적인 경영 판단을 내리는 것은 경영자인 사장의 일이다. 그리고 사장이 정확하게 결산서를 파악하면 자기 회사가 지금 어떤 상태에 놓여 있는지 알 수 있다. 무엇이 부족한지도 알 수 있다. 그러므로 지금은 무엇을 해야 할 때인지, 또 무엇을 하면 안 되는지도 알 수 있다.

그런데 실제로 그 결산서를 읽고 파악하지 못하는 사장이 많이 있다. 바쁜 일과를 소화하는 중소기업 경영자는 재무와 회계 공부를 할

시간도 에너지도 없다. 그래서 사장부인이 사장을 대신하여 결산서를 분석하고 사장이 필요로 하는 자료를 만들어 사장을 뒷받침해야 하는 것이다. 그것은 분명 사장부인이 조직의 일원으로 회사를 위해 완수해야 하는 아주 의미 있는 일이다.

---

1) 월차시산표 : 장부를 토대로 자산 · 부채 · 순자산(재무상태표), 수익 · 비용(손익계산서)의 계정과목마다 분류하고 매달 집계한 것이다. 월차시산표를 보면 매출과 이익의 달성 정도나 비용의 사용 상황을 알 수 있고 조기에 대책을 세울 수 있다.

2) 불량채권 : 회수가 어려운 채권을 말함. 외상매출금 등의 판매액 등의 매출채권은 100% 회수할 수 있는 것이 아니고, 회수 곤란한 금액에 관해서는 대손충당금을 설정하는 처리가 필요하게 된다. 이 처리를 적정하게 행하지 않아서 '불량채권 은폐' 기업으로 공개되면 크게 문제가 된다.

3) 특허권 : 제품이나 제조방법을 일정기간 독점 · 배타적으로 사용할 수 있는 권리를 말한다. 특허권의 취득가액은 다른 곳에서 구입한 경우는 매입가격에 수속비용이나 특허권을 사용할 수 있을 때까지 걸리는 모든 비용을 더한 것이 된다.

4) 영업권 : 기업 인수의 경우, 인수한 금액과 인수된 기업의 가치는 일반적으로 일치하지 않는다. 보통 인수한 기업의 가치보다 인수 금액 쪽이 높아진다. 인수한 기업에 있어서 그 차액분은 투자한 것과 같은 결과가 된다. 그것을 '영업권(goodwill)'이라 한다. 말하자면 신용이나 브랜드 이미지 등을 말한다.

5) 감가상각 : 기계나 특허권 등의 비유동자산이나 무형자산은 몇 년에 걸쳐 사용할 수 있거나 효과를 발휘하므로 회계상 그에 맞추어 몇 년에 걸친 비용으로 처리하는 방법이다. 세법상 자산마다 감가상각 연수가 정해져 있다.

6) 경상이익(세전이익) : 현재의 기업회계 기준에 의하면 경상이익이라는 용어는 더 이상 쓰이지 않지만, 이 책에서는 경상이익을 정상적인 사업과정에서의 이익의 개념으로 사용하기로 하며 특별손익은 없다고 가정하여 법인세비용차감전 순이익(=세전이익)과 동일하게 사용함.

7) 버블 : 일본의 1980년대 후반부터 1990년대 초기까지 발생한 경제 · 사회현상이다. 실체가 뒤따르지 않는 과잉 투자로 자산 가격이 일시적으로 이상 폭등을 보여, 그 상태가 언제 꺼질지 모르는 실체 없는 거품으로 비유되었다.

2장

사장이 요구하는
'앞이 보이는' 자료를
만들어라

어떻게 하면 결산서가 경영판단에 유용한 자료가 될까?

사장부인이기 때문에 갖추어야 할 사고방식이란?

사장부인은 '경리'를 하면 안 된다

한국의 중소기업에 있어서 사장부인의 능력이나 존재 의미가 올바로 평가받지 못하고 있으며 적극적으로 전력화되어 있지도 않다. 이 얼마나 안타까운 일인가? 이것은 기업뿐만 아니라 국가경제에도 커다란 손실이 아닌가? 필자가 그렇게 생각하며 '사장부인 혁신강좌'를 시작한 것이 2002년의 일이다. 이미 약 800명의 사장부인들이 수강했다.

참가한 수강생 중에는 경영간부가 되어 멋지게 활약하고 있는 사람도 몇 명 있다. 하지만 똑같이 강좌를 듣고 똑같이 공부를 해도 배운 것을 완전히 자기 것으로 만들어 실천할 수 있게 되기까지의 시간은 사람마다 다르다.

본인이 아무리 열심히 하려 해도 사장인 남편이나 가족의 이해를 얻지 못하고, 잠재능력이 있어도 능력을 펼칠 수 있는 자리가 주어지지 않는 사람도 있다. 그러한 경우에는 물론 먼저 사장의 의식을 바꿔야 한다. 그러나 이런 저런 경우를 다 따져봐도 가장 큰 걸림돌은 역시 사장부인 자신의 사고방식이다.

필자는 사장부인이 사장의 경영 파트너로서 꼭 필요한 존재가 되기 위한 대전제로서 스스로 결산을 행하도록 강력하게 권하고 싶다. 사장부인 중에는 "결산이라면 이전부터 해오고 있다."고 말하는 사람도 있지만, 그녀들이 실제로 해온 것은 결산업무가 아니라 매일매일 장부쓰기와 입력작업에 지나지 않았던 경우가 많은 듯하다.

물론 매일 매일의 거래나 입출금 상황을 기록하는 것은 매우 중요한 일이다. 이 단계에서 실수가 나오거나 엉성하게 처리되면 월차결산에도 연차결산에도 교란이 생겨 결국 경영을 판단하고 결정을 내릴 때 오류가 생기는 원인이 되기 십상이다.

거래 내역 입력이나 장부 쓰는 작업을 사장부인이 스스로 행할 필요는 없다. 오히려 필자는 사장부인이 하지 않아야 한다고 생각한다. 매일매일 거래기록이나 처리는 경리담당직원의 일이다. 사장부인이 몸소 '경리'를 행하는 것에는 커다란 폐해가 뒤따른다. 그것은 다음의 이유 때문이다.

경리직원에게 요구되는 자질과 사장부인에게 요구되는 자질은 다르다. 경리 일에서 가장 중요한 것은 정확함과 신속성이다. 그러므로 경리 일을 하고 있으면 자연히 세밀한 항목에 집착하거나 눈앞의 숫자에만 신경 쓰게 된다. 그만큼 커다란 관점에서 일의 맥락을 보거나 장기적으로 사업에 대해 생각할 수 없게 되기 쉽다.

사장부인에게는 그보다 더 중요한 일이 있다. 사장의 파트너로서 경영판단에 도움을 주는 일이다. 그러기 위해 사장과 마찬가지로 넓은 시야와 장기적인 안목이 필요하다.

'사장부인 혁신강좌' 수강을 시작하고나서도 전혀 의식개혁이 되지 않았던 부인이라도 2~3년 지나면서 갑자기 불쑥 튀어나오는 경우가 있다. 커다란 벽을 뛰어넘어 자기가 해야 할 일을 깨달은 것이다.

그런 사장부인들이 먼저 무엇을 해야 하는가 하면 스스로 장부 기재하는 일을 그만두어야 한다. 대신 부하가 될 경리직원을 육성하고 자신은 결산업무를 포함하여 경영에 유용한 자료 만들기와 실적 관리의 틀을 만들게 된다. 이윽고 경영자의 시선으로 회사 전체를 바라보게 되는 것이다.

사장부인이 해야 할 일은 '재무관리' 이다

 어느 중소기업에서 실제로 있었던 일화를 살펴보자.

그 회사는 몇 년간 적자가 이어졌다. 어느 해 여전히 회사 전체가 적자에 허덕였지만 제조부문만은 1억원의 흑자를 냈다. 공장장의 노력과 분투가 컸음이 분명했다. 사장은 공장장의 공적을 인정하고 조금이라도 월급을 올려주고 싶었다.

그러나 경리 담당자는 '무리'라고 말했다. "회사가 전체적으로 적자이므로 공장장만 월급을 올려줄 수 없다."는 것이다. 그것도 맞는 말이긴 하지만 그토록 애써준 공장장에게 아무 것도 보상하지 않아도 좋을까?

그때 사장부인이 움직인 것이다. 그녀는 공장장과 개인적으로 면담하여 노고를 치하하고 위로한 다음 가계부에서 어렵게 마련한 얼마간의 돈을 살짝 건네주었다.

"지금은 이 정도밖에 안 됩니다. 하지만 공장장님이 이렇게 힘써주고 있으니 내년에는 더 잘 될 것입니다."

눈물겨운 신파조의 이야기처럼 들릴지도 모른다. 그러나 그렇지 않다. 성과를 올린 직원에게 보상하는 것은 내년을 위한 투자이기도 하다. 1년간 열심히 일해 1억원의 흑자를 낸 공장장이 만약 아무런 위로의 말도, 적은 장려금조차 받지 못한다면 다음해 다시 힘내서 일할 기분이 날까?

사장부인은 '1 + 1 = 2'의 돈 계산만으로 사물을 생각해서는 안 된다. 이 사장부인은 넓은 도량으로 미래의 일까지 전략적으로 생각하고 있었다. 그래야 사장부인으로서 자기가 해야 할 일을 행할 수 있다. 만약 그녀가 경리일만 하고 있었다면 같은 판단을 내렸을지 여부는 알 수 없다.

이제 사장부인이 할 일은 '경리'가 아니라 '재무관리'라는 이유를 충분히 이해했으리라 믿는다.

재무관리에는 재무제표에 의한 경리관리, 외상매출금 회수와 외상매입금의 지불, 필요자금의 조달과 빌린 돈 갚기, 설비투자, 어음 관리와 결제, 자금조달표 작성, 재무계획의 입안 등 중요한 사항이 많이 포함되어 있다.

거기에 더해서 사장이 중요한 의사결정을 서포트하기 위한 자료 만들기까지 요구되므로 물론 간단하고 쉽고 즐거운 일은 아니다. 하지만 간단하고 즐거운 일이 아니기 때문에 더욱 더 사장부인의 힘을 보여주어야 하지 않을까?

02 사장이 요구하는 자료는 회계사무소에서 결코 얻을 수 없다

'원가'에 관한 인식의 차이로 파산한 회사

그런데 사장부인은 자기가 경리를 행하지 않는 대신 경리사무를 맡길만한 담당자를 육성해야 한다. 직속부하의 육성이다. 이 권한이양이 원활하게 이루어지지 않으면 생각지도 못한 트러블로 오히려 타격을 입게 된다. 그중에서도 최악의 사례를 소개하고자 한다.

어느 건설회사 사장이 "5년 안에 500억원의 매출을 달성한다."는 목표를 세웠다. 무슨 일을 하건 '매출 향상'이 입버릇처럼 배어버린 영업맨형 사장이므로, 비용이나 이익 계산에 그리 밝은 편은 아니었다. 가까운 사람 중에 재무를 아는 보좌관이 있었다면 좋았을지도 모른다. 그러나 사장이 믿을 사람은 입사한지 얼마 안 되는 경리직원 뿐이었다. 왜 사장이 그 경리직원을 신용했는가 하면, 그는 다른 건설회사에서도 경리 일을 맡아 했었고 입사 때도 자기의 경력을 누누이 강

조했기 때문이다.

사장은 앞만 보고 달리며 추진형 영업을 행한 결과 잇따라 계약이 체결되었고 매출은 순조롭게 향상되었다. 그래도 사장은 일이 한 번 끝날 때마다 경리직원에게 확인하는 것만은 잊지 않았다.

"원가 빼고 얼마나 벌었지?"

경리는 늘 "25% 남았습니다."고 대답했다.

매출이 순조롭게 신장되고 있었고 게다가 이익률 25%라면 괜찮겠지. 사장은 안심하고 척척 수주를 받았다. "일이 바빠서 힘들지."라며 현장감독의 급료를 올려주기까지 했다. 그런데 실제로 일을 수주하면 할수록 적자가 늘어나는 상황이었다.

나중에 알게 된 일이지만, 경리직원이 "원가를 빼도 25% 남는다."고 말했을 때의 '원가'에 포함되어 있던 것은 재료비와 외주비 뿐이었다. 그러나 '원가'에는 노무비인 현장감독의 급료나 기타의 제조경비도 포함된다. 이것을 더하면 이 회사의 제조원가 비율은 매출 대비 90%로 되어 있었다. 나머지 10%의 매출 총이익에서 임원보수와 판매관리비, 감가상각비, 이자비용 같은 비용을 빼면 이익은커녕 오히려 매년 4억원의 적자를 내고 있었다.

그러나 사장이 깨달았을 때는 이미 손을 쓸 수 없는 지경이 되어 버렸다. 그 회사는 자금융통이 막혀 결국 50억원의 부채를 떠안고 파산해버렸다.

방만한 경영이라 말하긴 뭐 하지만 직원의 선두에 서서 영업에 주력해온 사장으로서는 스스로 장부를 점검할 시간이 없었을 것이다.

그래도 비용에 신경을 쓰면서 이따금 경리직원에게 확인하고 있었다. 그런데 잘못은 사장과 경리직원 간에 '원가'의 인식이 달랐던 것이다. 그 경리직원에게 "어느 정도 벌었지?"라고 물었을 때 사장이 무엇을 알고 싶어 하는지 몰랐던 것이다.

그곳에 또 한 사람 사장의 경영방침을 숙지하고 있는 보좌관이 있어서 경리직원을 지도할 수 있었다면, 그리고 사장에게 정확한 판단 근거를 제공할 수 있었다면 그 회사의 향방은 훨씬 달라졌을 것이다.

필자는 사장부인이 그러한 역할을 맡아야 한다고 생각한다. 사장부인들에게 스스로 결산을 행하라고 권하는 것도 그 때문이다.

이 회사의 사장부인은 '사장부인 혁신강좌' 기초편과 실천편을 2회씩 수강하고 자금융통도 확실히 공부하여 어떻게든 폭주기관차처럼 달리는 사장을 막아보려고 필사적으로 공부하고 있었다. 그러나 사장은 부인의 직언에 귀를 기울이지 않았다. 오만한 사람, 남의 말에 귀를 기울이지 않는 사람, 감각만으로 경영하는 사람을 두고 "독불장군"이라 한다. 이 회사의 사장도 그러한 유형이었다.

어느 해 12월이었다. 사장부인에게 "선생님, 오늘 부도[1]를 냈습니다."라는 전화가 왔다. 필자는 "사장님은 무어라 말하시던가요?"라고 묻자 "솔직히 3년 전에 당신이 하던 말을 들었더라면 이렇게 되지 않았을 텐데."라고 말했다고 했다.

사장은 40대 전반으로 아직 젊으니 재기할 수 있다고 믿었다. 그로부터 3년이 지났다. 가끔 사장부인이 전화를 했다. 집도 팔고 사장의 본가로 이사하여 두 사람이 열심히 살고 있다고 했다.

사장은 어떤 자료를 요구하고 있는가?

 그럼 사장이 요구하고 있는 경영에 유용한 판단자료란 어떤 것일까?

한 마디로 말하면 '앞을 내다보기 위한' 자료이다. 사장에게 과거는 별 의미가 없다. "미래를 위해 지금 무엇을 해야 하는가?"를 알고 싶어 한다. 그러므로 사장부인은 앞을 내다볼 수 있는 자료를 제공해야 한다. 그러나 결산서는 과거의 기록이다. 어떻게 하면 그 결산서를 보고 앞을 내다볼 수 있을까? 분명히 세무서에 제출하는 결산서를 보는 것만으로는 앞을 내다볼 수 없다. 그 점이 바로 사장부인이 연구해야 할 부분이다. 이야기가 조금 딱딱해지지만, 여기서 회계의 목적과 종류에 관해 살펴보자.

일반적으로 '회계'란 크게 '재무회계'와 '관리회계'로 나뉜다.

먼저 재무회계는 외부의 이해관계자, 즉 주주나 거래처에 정보 제공을 목적으로 하고 있다. 특히 상법, 증권거래법, 세법 등의 규제에 입각하여 행해지는 회계는 '재무회계'로 불리며 대략적으로 형식이 정해져 있다. 년 1회 재무제표를 작성하여 세무서에 제출하는 것이 의무화되어 있어 결산업무도 당연히 재무회계의 일환이라 하겠다.

이처럼 재무회계는 널리 외부에 보여주는 것을 목적으로 하고 있으므로 형식이나 계정과목[2]이 누구나 알 수 있도록 정형화되어 있다. 세무서가 납세액을 결정하기 위해 혹은 거래처와 주주가 그 회사의 안전성, 수익성, 성장성을 판단하기 위한 필요성을 충족해주는 것이다. 이에 따라 전체적인 수지 상황이나 재무 상태를 알 수 있다. 이 숫자들을 정리한 결산서는 가령 여러 상품이나 여러 부분이 있어도 '매출'은 하나이다. '매입'도 하나로 정리된다.

결산서는 회사를 '코끼리'에 비유하면 코끼리의 몸 전체를 보여준다. 그러나 회사에 몇 가지 부문과 거래처, 혹은 여러 상품이 있는 경우 각각의 상태까지는 파악할 수 없다. 이 코끼리가 병이 들어도 어디가 아픈지 알 수 없다. 경영을 행하는 입장에서 판단자료로 활용하기에 턱 없이 부족하다. 사장이 원하는 것은 더욱 상세하고 세분화된 데이터이다. 회사가 병들었을 때 어디가 아픈지 알 수 없게 되어 있다면 의미가 없다.

그래서 필요한 것이 '관리회계'이다. 외부에 널리 공개를 목적으로 하는 재무회계에 비해, 관리회계는 기업내부의 의사결정이나 경영판단에 유용한 정보를 제공하는 것을 목적으로 하며 '기업회계'라고도 불린다.

　재무회계, 관리회계 모두 일정기간 내의 수지를 계산하여 이익과 손실을 계상하고 재무 상태를 명확히 하는 작업은 똑같다. 다른 점은 어디에 초점을 맞추는가? 그리고 어디까지 상세하게 나누는가?이다. 재무회계와 달리 관리회계의 경우 그 기업이 독자적으로 형식이나 계정과목을 설정해도 상관없다.

　물론 재무회계에 따라 만들어진 결산서와 관리회계로 만들어진 자료의 숫자가 달라지는 일이 있어서는 안 된다. 그러나 매출 총액은 똑같아도 관리회계의 경우는 필요에 따라 시장별, 고객별, 상품별, 부문별로 분류할 수 있다. 관리회계는 재무회계를 경영자의 시선으로 분석하기 위한 보조자료라 할 수 있다.

　유감스럽게도 거기까지 해주는 회계사무소[3]는 없다. 그러므로 회계업무를 모두 회계사무소 등에 맡겨두면 사장이 우선적으로 필요로 하는 관리회계 자료를 얻을 수 없다.

　필자가 "사장부인은 스스로 결산해야 한다."고 주장하는 이유가 여기에 있다. 경리사무와 재무회계라면 누구라도 할 수 있다. 그러나 사장이 요구하는 자료를 제공할 수 있는 사람은 사장의 머릿속까지 훤히 꿰뚫고 있는 사장부인만이 가능하다.

회계사무소의
역할은 무엇일까?

 지금까지 사장부인이 자기 회사에서 결산서를 만드는, 소위 회사 스스로 기장을 행하는 컴퓨터 회계를 활용할 것을 권장했는데, 그렇다면 회계사무소는 컨설팅을 받는 회사에 대해 어떠한 역할을 해주면 좋을까?

회계사무소는 상법·세법 등의 법률 전문가인 동시에 고문세무사로서의 범위 내에서 경영을 서포트하는 것이지 장부 대행 업무를 하는 곳이 아니다.

종종 회계사무소에서 컨설팅을 받는 회사가 스스로 장부를 만들게 되면 컨설팅료를 받지 못한다는 말을 듣곤 한다. 하지만 이러한 실상은 회계사무소로서는 본말이 전도된 말이다.

기장 대행 같은 작업은 아무런 가치를 창출해내지 못한다. 가치 없는 일에 경영자가 돈을 쓸 이유가 없다. 회계사무소가 해야 할 일은 기장 대행이 아니라 회사 스스로 장부 만드는 것을 지도하는 일이다. 그래야만 가치가 있기 때문이다.

나도 일찍이 회계사무소에 근무한 경험이 있다. 월차시산표가 만들어지지 않아서 결산 시에 서둘러 1년간 정리해야 할 회사 20사를 맡은 적도 있었다. 그 무렵 경리를 담당하고 있던 사람들이 대부분 사장부인들이었다. 한 달에 한 번 필자가 방문할 때까지 아무 것도 하지 않고 기다리는 부인들이었다.

필자는 자기 회사장부는 자신이 만들고 작성해야 한다는 사고방식을 갖고 있었으므로 사장부인에게 그것을 지도하고 대가를 받기로 했다. 당시 컨설팅료는 월평균 250만원이었지만, 필자는 100만원을 올려서 350만원을 받았다.

올바른 월차시산표의 작성은 경영 판단의 첫걸음이므로 가치 있다고 생각했고, 그것을 사장부인이 담당하는 것은 더욱 가치 있는 일이다.

그로부터 4년간 퇴직할 때까지 회사 스스로 회계 처리하는 일을 지도했는데, 이러한 습관과 구조가 만들어지기까지 3년이 걸렸다. 그래도 많은 사장들은 부인이 그렇게까지 힘써주어 아주 마음 든든하다고 생각했고 나에 대한 평가도 높아졌다.

세무사도 컨설팅을 받는 업체에 대해 가치 있는 서비스를 행하는 것이 중요하다고 생각한다.

---

1) 부도 : 어음이나 수표를 지불기한까지 결제하지 못하는 것. 6개월 이내에 부도를 2번 내면 '은행거래정지' 처분을 받는다. 이로써 결제정지, 자금변통이 악화되고 신용도 떨어지며 사실상의 도산이 되어 버린다.

2) 계정과목 : 부기나 결산서 등에 이용되는 표시금액의 명목을 나타내는 과목명. 현금, 차입금, 매출 등 거의 통일되어 있지만, 업계나 기업에 따라 실태에 입각한 독자적인 과목명을 이용하는 경우도 있다.

3) 회계사무소 : 세무사무소, 공인회계사 사무소, 회계법인, 세무법인 등의 총칭. 개인이나 회사를 대신하여 회계나 결산, 세무신고 등을 대행하는 사무소. 인원부족이나 회계제도, 세무의 복잡화로 회사나 개인사업자에게 없어서는 안 되는 존재로 되어 있다.

숫자에 '마음'이 더해져야
사장부인다운 회계가 된다

일차부터 연차까지 결산회계는
모두 회사 내부에서 기장한다

 그럼 사장부인이 행해야 하는 결산

업무에 관해 구체적으로 살펴보도록 하자.

먼저 일차결산이다. 이것은 매일 거래와 현재 예금의 입출금 기록

이다. 구체적으로 영수증과 증빙서류[1](전표류) 정리, 현금 입출금 기

장, 보통예금 및 당좌예금 기장과 조합 등이 포함되며, 원시기록(관리

회계 측면에서 비공식적 수기로 기록되는 사항) 관리도 행한다. 원시기록이

란 계약서, 수주서, 발주서 등 거래를 뒷받침하는 내역이 되는 자료를

말한다.

이 작업은 모든 회계업무의 기본이다. 이러한 일차결산을 매일 정

확하게 행하면 월차결산도 연차계산도 거의 자동적으로 할 수 있다.

일차결산이 30일분 쌓인 것이 월차결산, 그 월차결산을 12개월분 쌓

아놓은 것이 연차결산이기 때문이다. 중요한 것은 매일 거래를 매일

처리하는 습관이다.

이미 서술한 것처럼 매일매일의 작업은 오로지 한 가지 일에만 종사하는 경리직원에게 맡기는 쪽이 바람직하겠지만, 어디까지나 사장부인의 관리 하에 있어야 한다는 것을 잊어서는 안 된다. 믿을 수 있는 경리직원을 길러내는 것도 사장부인의 일이다.

단, 우수한 베테랑 경리직원이 있을 경우 과감하게 권한을 넘겨주어 맡겨야 하는 경우도 있다. 사장부인 중에는 경리직원과 맞서려 해서 인간관계를 악화시키는 사람도 있는데 어리석은 짓이다. 사장부인과 경리직원은 입장도 역할도 다르다. 우수한 경리직원이 있어서 일차결산을 맡길 수 있다면 이보다 더 고마울 수가 없다. 사장부인은 더 다른 일에 에너지를 쏟을 수 있다.

다음으로 월차결산에서 1개월분의 매출과 매출채권, 매입과 매입채무, 미지급 경비 등을 계상하고, 각 과목에 관해서 장부잔고와 실제잔고를 조합한다. 그것을 토대로 월차 시산표(재무상태표와 손익계산서)를 작성한다. 시산표는 늦어도 다음달 5일에서 7일까지는 작성해야 한다.

또한 매출과 원가, 비용처리에 관해서는 '발생주의'와 '현금주의'가 있는데, 발생주의로 처리하는 쪽이 좋다.

발생주의란 그 달의 경영활동과 관계된 매출과 비용 등을 실제로 현금이 움직이지 않더라도 그 달 안에 계상하는 방법이다.

보통 기업간 거래에서는 외상거래와 어음을 많이 이용하므로 실제로 현금화되는 것은 일정기간이 지난 후의 일이다. 이에 비해 현금주의란 실제로 현금에 의한 지급이 행해진 달에 계상된다.

언뜻 보기에 현금주의 쪽이 깔끔하고 알기 쉬운 것처럼 생각되지만, 지급이 2개월이나 3개월 지연된 경우에는 계상하는 것도 그만큼 지연되므로 무엇을 위한 경비였는지 거래에서 얻은 이익을 알아보기 어려워져버린다.

경리에는 '수익비용대응의 원칙'이라는 것이 있다. 이번 달 매출과 관련된 비용은 가령 지급하지 않아도(= 현금 이동이 없어도) '미지급 비용'으로 계상해야 할 것이다.

매일 결산을 정확하게 행하고 있는데 월차결산을 하지 못하는 회사도 있다. 연차결산 때마다 장부와 전표 다발을 뒤적이며 한바탕 소동을 겪는 회사가 많은 것도 월차결산이 없기 때문이다. 월차결산이 이루어지는 회사는 연차결산도 거의 자동적으로 처리된다.

즉 일차결산과 월차결산은 재무회계상의 연차결산을 원활하게 행하기 위해 꼭 필요한 준비작업이라 할 수 있는데 대부분 아주 커다란 의미가 있다. 관리회계를 위한 자료가 만들어지는 것이다. 그러한 작업의 전부를 사장부인이 스스로 행할 수 있으면 사장이 무언가 알고 싶을 때 바로 자료를 제시하며 조언할 수 있다. 그렇게 되면 사장은 언제 어느 때나 회사의 재정 상황을 알 수 있고, 실시간으로 정확한 경영판단을 하기 쉬워진다.

관리회계의 열쇠는
계정과목의 설계에 달려 있다

중소기업 사장들은 결산서나 시산 표를 별로 읽고 싶어 하지 않는다. 그 결과 '매출'과 '매출총이익'이나 '세전이익' 정도밖에 파악하지 못해 중요한 상황 판단을 잘못하거나 대책이 늦어져 수세에 몰리는 경우도 많은 것 같다.

왜 사장은 결산서를 읽지 않는 것일까? 바빠서 읽을 여유가 없다고 말하는 사람도 있을 것이고, 귀찮아서 읽지 않는 사람이나 '경영은 감으로 한다'는 생각을 가진 사람도 있을 것이다.

그렇지만 가장 많은 이유는 아마 '읽어도 모르기 때문'이 아닐까? 왜 모르는가 하면 사장이 알고 싶은 것을 재무회계 결산서로는 파악할 수 없기 때문이다. 알고 싶은 것을 읽어내지 못하기 때문이다. 게다가 파악하고 간파할 능력이 없는 경우도 생각할 수 있다. 왜냐하면 간파하려면 경영분석의 힘이 있어야 하므로.

한 마디로 말해 재무회계에는 한계가 있다. 사장이 어떤 자료를 원하는가는 전혀 상관없다. 그러므로 관리회계에서는 사장의 사고 패턴에 맞추어 사장이 알고 싶어 하는 것을 확실하게 알려줄 수 있는 자료를 만들어야 한다. 그 열쇠가 되는 것이 '계정과목'이다.

재무회계에는 계정과목의 종류와 분개방법이 정형화(형태화)되어 있다. 그러나 관리회계는 자유이다. 그 회사에서 어떤 과목을 중시하

느지, 사장이 무엇을 알고 싶어 하는지에 따라 과목을 '목적별'로 분류함으로써 그 회사 나름의 자료를 만들 수 있다.

예를 들어 DM[2]을 발송하는 비용에 대해 생각해 보자. 일반적으로 다른 우편물과 함께 '통신비'로 계상하는 경우가 많다. 그러나 사장이 '그 DM을 발송하는 것으로 얼마나 효과가 있었는가'를 알고 싶어 한다면 '판매촉진비'와 '홍보선전비'에 넣을 수 있다. DM을 발송하기 위한 봉투도 '사무소모품'이 아니라 '판매촉진비'에 넣는 쪽이 실무적이다.

회사용 차량과 관련된 세금이나 차량 검사비용에 관해서도 판단이 나뉘어진다. 본래는 '조세공과[3]'지만, 사장이 '회사용 차량 1대에 비용이 얼마나 들어가는지'를 알고 싶다면 '차량비'로 정리해도 좋다. 어느 쪽으로 하건 잘못될 것이 없으므로 경영자의 시선으로 짜맞추면 되는 것이다.

단, 그러한 분류가 한때 기분 내키는 대로 행한 것이거나 매년 이리저리 바뀌면 다른 해의 비용과 비교를 할 수 없다. 경리담당 직원이 바뀔 때마다 분개(부기에서, 거래 내용을 차변과 대변으로 나누어 적는 일) 방법을 알 수 없게 된다면 곤란하다.

그러므로 계정과목을 설계할 때에는 그 회사 나름의 기본이념과 세밀한 방침을 정하고 누가 담당하건 똑같은 기준으로 분개할 수 있도록 매뉴얼화해 두어야 한다.

그 작업에는 반드시 사장도 참가해서 사장부인, 경리담당자와 함께 생각해 보도록 한다. 관리회계의 계정과목은 사장의 머리속을 반영해야 하는 것이므로 사장 자신이 설계에 참가하지 않으면 의미가 없다.

거꾸로 말하면 계정과목 설계에 참가함으로써 사장도 결산서를 읽을 수 있게 된다. 자기가 생각하고 있는 것, 알고 싶은 것이 그대로 숫자가 되어 나타나므로 이렇게 재미있는 것도 없을 것이다.

그리고 사장부인은 계정과목의 설계라는 공동작업을 통해 사장의 의도와 전략을 이해하고 공유할 수 있다. '지금은 무리를 해서라도 여기에 돈을 사용해야 한다' 든가 '여기서 수단을 강구하지 않으면 향후 주문이 들어오지 않게 된다' 는 것까지 미리 예상하게 되며, 사장과 똑같은 경영자의 안목을 가질 수 있게 된다.

---

1) 증빙서류 : 부기에서 말하는 거래가 행해지면 반드시 내역이 생기게 되고, 그 거래 증거가 되는 서류, 또는 그 거래를 증명하는 서류를 말한다. 증거가 되는 서류란 영수증과 청구서이며 그것을 증명하는 서류가 품의서와 의사록 등이 된다.

2) DM : DM발송이란 거래처에 우편발송을 하기 위해 등록되어 있는 거래처 주소를 출력하는 것을 말하며, 거래처 주소가 우편발송 할 수 있는 형태로 출력된다.

3) 조세공과 : 조세는 국세와 지방세 등의 세금, 공과는 국가·지방공공단체 등에서 부과하는 부과금, 교통범칙금 등의 벌금이나 금전부담을 말한다. 단, 법인세법상 법인세, 주민세 등은 조세공과로는 처리되지 않고, '법인세 등' 의 과목으로 처리된다.

3장

결산서를 분석할 수 있으면
경영개선의 힌트를
파악하게 된다

결산서를 읽기 위한 사장부인의 마음자세와 요령

경영 개선의 힌트는
숫자 속에 있다

중소기업의 경영은 무엇보다
캐시플로에 답이 있다

1980년대 후반 일본경제는 버블 경기에 돌입했다. 만들기만 하면 무엇이건 팔릴 것 같은 시대였다. 중소기업 경영자들은 '매출이 늘어나면 늘어날수록 경영이 안정된다'고 생각하여 오로지 사업 확대만을 꾀하여 신상품 개발과 새로운 시장 개발에 투자했다. 자금이 부족하면 빌리면 된다. 그런 논리가 버젓하게 통했던 시대였다.

버블기는 은행이 돈을 빌려주고 싶어 했던 시대이기도 했으므로 융자받기도 그만큼 쉬웠다. 그뿐 아니라 본래 필요도 없는 자금까지 억지로 떠맡겨 자기가 감당할 수 있는 것보다 큰 것에 투자하게 하여 막대한 빚을 지게 된 중소기업도 많이 있었다.

버블 경기의 종료와 더불어 그런 중소기업은 픽픽 파산해버렸다. 대다수가 채무 초과로 인한 금리부담을 견딜 수 없었기 때문이었다.

왜 그렇게 되었을까? 그 시대에는 일본인 모두가 금전 감각이 이상해져 있었다고 말하는 사람도 있다. 그러나 버블기에도 일관되게 견실 경영하여 훌륭하게 살아남은 중소기업도 많이 있다. 파산한 기업과 살아남은 기업은 무엇이 다를까?

버블이 터진지 벌써 20년이 지나가고 있다. 지금은 그 시대를 체험하지 않은 젊은 사장이 있을 것이다. 그러나 버블 시대가 남긴 교훈을 잊어서는 안 된다.

많은 중소기업이 버블 붕괴 후 파산한 최대의 원인은 캐시플로(cash flow : 기업활동에 의한 자금의 유출입 경로나 흐름)를 가볍게 여긴 데 있었다. '캐시플로'란 문자 그대로 '돈의 흐름'을 말한다. 그리고 돈의 흐름을 중시하는 경영을 '캐시플로 경영'이라 부른다. 버블 당시 일본의 많은 중소기업에는 아직 캐시플로 경영의 관습이 없었다.

재무제표 속에서 돈의 흐름을 나타내는 것은 손익계산서이다. 그러나 손익계산서는 앞장에서도 서술했듯이 '발생주의'로 작성되므로 현실의 돈 흐름을 그대로 나타내지는 않는다.

예를 들어 10억원의 상품이 팔렸다고 하자. 장부상은 매출 '10억원'이 올라간다. 그러나 실제로 그 시점에서 10억원의 현금이 들어오는 것은 절대 아니다. 대부분의 경우 대금은 외상매출금과 어음의 형태로 결제된다. 10억원의 상품이 팔렸다 해도 매출의 8할이 외상매출금이라면 현금(cash in)은 2억원 정도에 불과하다. 나머지 8억원이 현금화되려면 적어도 1개월 후나 2개월 후라야 한다.

즉 장부상의 숫자와 현실의 돈 흐름 간에는 타임래그(time-lag : 경제 활동에 어떤 자극이 주어졌을 때에, 이에 대한 반응이 나타나기까지의 시간적 지체)가 있다. '상품은 팔리는데 현금이 없는' 사태가 발생하는 것은 그곳에 시간적인 차이가 있기 때문이다. 이것은 많은 기업이 경험하고 있는 일이다.

지금은 버블기와 시대가 달라졌다. 현금이 부족하고 자금 조달이 정체 상태에 빠졌을 때 쉽게 돈을 빌려주는 은행이 없다. 캐시플로 경영의 중요성이 그만큼 높아졌다는 말이 된다. 평소부터 캐시플로를 중시하고 어떤 일이 벌어져도 대응할 수 있을 만큼 '현금 유동성'을 확보해 두지 않으면 기업, 더구나 중소기업이 살아남을 수 없다.

그러나 유감스럽게도 중소기업 경영자들의 의식은 여전히 안일하다. 버블 붕괴나 리먼 쇼크[1]로 그만큼 고통을 겪었음에도 불구하고, 아직까지 '자금이 부족하면 빌리면 된다'고 생각하는 경영자도 있다. 하물며 자기 회사의 결산서를 꼼꼼히 읽고 파악한 적이 없으므로 재정 상태도 모른다. 유동성이 얼마나 되고 차입금은 얼마이고 그것을 갚기 위해 매달 어느 정도의 현금이 필요한지도 모른 채 주먹구구식 경영을 지속하고 있는 사장도 많이 있다.

경영 개선의 힌트는
숫자 속에 있다

사장은 기본적으로 투자하고 싶어 한다. 돈을 빌려서라도 투자하고 싶고, 회사를 키우고 싶어 한다. 그러나 한편으로 빌린 돈을 갚기 위해 매월 어느 정도의 현금이 필요한지와 같은 문제에 대해 의외로 둔감하다. 말을 해보면 사장의 머릿속은 온통 손익계산서뿐이다.

1장에서 말한 것처럼 손익계산서는 일정기간 중의 수지를 나타내는 결산서이다. 어떤 일정한 기간 중에 '상품이나 서비스가 어느 정도 팔리고 그를 위해 어느 정도의 경비가 들어가는지, 최종적으로 얼마나 벌었는지'를 가르쳐 준다.

또 경영개선의 힌트가 많이 잠재되어 있는 것도 손익계산서이다. 가령 매출총이익에는 상품경쟁력과 직원의 판매능력 문제가 잠재되어 있으며, 영업이익은 본업의 이익이므로 조직에서 일하는 사람들의 땀과 감동이 담겨 있다. 세전이익에서 회사 전체의 수익력을 엿볼 수 있다.

한편 회사의 재무 상태를 가르쳐주는 것이 재무상태표이다. 중소기업 사장의 대부분은 재무상태표 보기를 질색으로 여기는데 그렇기 때문에 사장부인의 역할이 중요한 것이다.

일차결산부터 연차결산까지 회사 스스로 기장을 행하고, 자기 손으로 결산서를 만들 수 있게 된 사장부인은 재무상태표를 읽을 수 있게 된다. 지금 회사에 현금과 예금이 얼마나 있고 차입금이 얼마이고, 그 돈은 어떤 식으로 사용되고 있으며, 그만큼의 이자가 매월 얼마나 들어가고 있는지……. 재무상태표를 읽을 수 있게 되면 가장 중요한 자금 흐름의 상황도 저절로 알 수 있게 된다.

예를 들어 어느 회사가 행한 설비투자에 대해 이야기를 해 보자. 그 회사는 금융기관의 지원을 받아 공장을 개축하게 되었다. 그를 위해 8억원의 돈을 빌렸다.

8억원을 10년에 걸쳐 상환한다면, 원금 상환액 8000만원에 이자를 더한 약 9500만원의 자금이 필요하게 된다. 실제로 이 정도의 돈이 필요한데 1500만원의 이자비용은 영업외비용으로 처리되므로 여기서는 8000만원의 상환액만을 대상으로 한다. 그럼 이때 경상이익은 얼마나 필요하게 될까? 함께 계산해보자.

차입금 8000만원의 상환은 최종적인 이익(당기 이익)에서 지불된다. 당기이익을 구하려면 엄밀하게 말해 과세소득금액에 세율을 곱한 것을 세전이익에서 뺀 것이 되는데, 계산식을 단순하게 만들기 위해 과세소득금액 및 세전이익은 경상이익으로 간주했다. 또 세율은 40%로 한다. 그러면 계산식은 아래와 같다.(도표 4)

도표 4 당기이익에서 역산하여 경상이익(세전이익)을 구하는 계산식

당기이익 = 세전이익 - (과세소득금액 × 세율)

여기서 계산식을 단순화하기 위해 세전이익 및 과세소득금액을 경상이익으로 간주한다. 그러면 계산식은 다음과 같다.

당기이익 = 경상이익 - (경상이익 × 세율)

이 식에 적용시키면
8000만원 = 경상이익 - (경상이익 × 40%)
8000만원 = 경상이익 (1-0.4)
경상이익 = 약 1억 3330만원

즉 이 회사는 세금을 포함해서 약 1억3330만원의 경상이익(세전이익)이 필요하게 된다.

이 회사는 매출이 60억원이며, 경상이익도 2억 4000만원이었다. 그러나 지금까지의 차입금 상환이 연간 2억원이었으므로 새로 돈을 빌리면 상환금은 연간 2억 8000만원이 된다. 2억 8000만원을 상환하려면 경상이익이 얼마나 필요한지를 위와 같이 계산하면,

경상이익 = 2억 8000만원 ÷(1-0.4) ≒ 4억 6660만원

이만큼의 경상이익을 내지 못하면 상환자금이 부족하게 된다.

경상이익이 2억 4000만원밖에 없는데, 새로 돈을 빌리면 2억 2660만원(4억 6660만원 - 2억 4000만원)이나 부족하게 되는 것이다.

이 회사는 8억원의 투자를 행하기에 체력적으로나 체질적으로 너

무 취약했다. 만약 사장부인이 스스로 결산을 행하고 평상시부터 재무상태표를 접해두었다면, 이 단계에서 큰돈을 빌리는 것이 얼마나 위험한 일인지 알 수 있었을 것이다. 그리고 사장에게 자료를 제시하면서 정확하게 상황을 설명하는 것으로 무리한 차입을 단념하게 할 수 있지 않았을까?

혹은 불가피하게 차입을 행하더라도 재무상태표에 기재된 내용에서 자금으로 바꿀 수 있는 것을 찾아내어 그것을 자기자금으로 만들면 차입 총액을 줄일 수도 있다.

회사의 실적 향상을 가져오는 것은 매출 상승만 있는 것이 아니다. 아무리 매출이 늘어나도 비용이나 차입금이 늘어나면 자금 흐름이 오히려 정체상태로 빠져들게 된다. 거꾸로 매출은 제자리걸음을 하더라도 조금만 연구해서 비용을 삭감한 결과 이익률이 올라가고 자금 흐름이 좋아지는 수도 있다.

그러나 어떤 개선책이 효과적인지는 회사에 따라 또 그 시점에서의 경영 상태나 재무 상태에 따라 달라진다.

그러므로 사장부인은 결산서를 제대로 만들 수 있어야 할뿐만 아니라 올바르게 읽어낼 수 있어야 한다. 경영 개선의 힌트는 반드시 숫자 속에 있기 때문이다.

결산서에 등장하는 4가지 이익은 다음과 같다.

· 매출총이익 = 매출액 − 매출원가

· 영업이익 = 매출총이익 －(판매비 + 일반관리비)

· 경상이익(세전이익) = 영업이익 + 영업외수익 －영업외비용

· 당기이익(순이익) = 세전(당기)이익 － 법인세 등

자세한 내용은 '02 파산한 회사의 사장에게는 공통점이 있다' 에서 자세히 다뤄 보기로 하겠다.

> "경영에서 가장 중요한 것은 숫자다."
> – 닛산자동차의 카를로스 곤 회장

---

1) 리먼 쇼크 : 2008년 9월, 미국의 투자은행 리먼 브라더스의 파산으로 시작된 세계적으로 발생한 글로벌 금융위기와 그에 따른 세계 동시 불황을 말한다. 서브프라임모기지론 문제에 의한 주택 버블붕괴가 계기가 되고 있다.

02

파산한 회사의 사장에게는
공통점이 있다

매출순이익률을
1%만 올려도 회사가 달라진다

앞에서 "회사의 실적 향상을 가져오는 것은 매출 상승만 있는 것이 아니다."라고 말했다. 그 사례를 살펴보자.

매출 규모 200억원 정도 되는 회사인데, 최근 몇 년간 매출도 이익도 한계점에 도달하게 되었다. 사장은 느긋한 성격으로 입버릇처럼 "적당히 벌이는 하고 있다."고 했지만 사실은 불안했을 것이다. 사장부인을 통해 나에게 상담을 요청했다.

"10억원의 매출 향상을 목표로 하고 싶다."는 것이 사장의 생각이었다. 그러나 오래도록 불황이 지속되고 있고 업계 전체의 매출도 뚝 떨어져 있었다. 특히 유망한 신제품 개발이나 새로운 시장 개척을 원한다면 모르겠지만, 기존의 상품과 시장으로 매출을 10억원이나 늘린다는 것은 거의 불가능에 가깝다고 생각했다.

필자는 사장부인과 함께 결산서를 훑어보며 다른 돌파구가 없는지 점검했다. 그리고 주목한 것이 '매출순이익률'이었다. 이 회사의 매출순이익률은 7.5%에 불과했다. 필자는 사장부인에게 말했다.

"찾았어요! 바로 여깁니다. 이 숫자를 1%만 올리면 매출을 10억원 향상하는 것보다 훨씬 이익이 늘어날 것입니다."

결산서에는 네 가지 이익이 등장한다.

첫째, 매출액에서 매출원가를 뺀 '매출총이익'

둘째, 매출총이익에서 판매비와 일반관리비를 뺀 '영업이익'

셋째, 영업이익에 수취이자와 배당금 등의 영업외 수익 더하기, 이자비용 등의 영업외 비용을 뺀 '경상이익(= 세전이익)'

넷째, 세전이익에서 법인세를 뺀 '당기이익'. *순이익

일반적으로 매출순이익[1]으로 불리는 것은 최초의 매출총이익을 말한다. 이 단계에서 매출 전체에서 차지하는 매출순이익이 7.5%라면 지나치게 낮다. 그러나 그만큼 개선의 여지가 있다고 생각된다.

이 회사의 매출은 약 200억원이다. 따라서 매출순이익을 1%만 올려도 매출총이익은 2억원 상승한다. 이에 비해 무리한 판매를 끌어올려 매출을 10억원을 늘린다고 해도 매출총이익은 7500만원 늘어날 뿐이다.(매출순이익이 7.5%로 바뀌지 않았을 때) 어느 쪽이 효과적인지는 말할 필요도 없을 것이다.

그러나 가령 1%라도 상품의 가격을 올리는 것은 쉬운 일이 아니다. 판매가 10만원의 상품이라면 불과 1000원만 가격을 올려도 판매 수에 영향을 미치기 때문이다. 고작 1%, 하지만 1%…….

　그래서 우리들은 그 1% 분량을 가격에 전가시키지 않고 원가를 내리는 것으로 실현하고자 생각했다. 즉각 1%만큼을 더 세분해서 나누어 원가, 판매비, 관리비 등 모든 것에서 조금씩 줄여나갔다. 그 결과 반년 후에는 매출순이익 1% 향상에 상당하는 2억원의 경비 절감에 성공했다. 그 뿐 아니라 각 부서에서 '비용 절감 · 이익률 향상'의 의식이 높아져 침체를 보이던 회사 내 분위기까지 한층 좋아지게 되었다.

　이 회사의 경영개선은 결산서의 숫자를 재평가하는 것부터 시작하여 목적한대로 성과를 올렸을 뿐만 아니라 덤으로 전직원의 의식개혁 면에서도 성공을 거두었다.

---

1) 매출총이익률(매출순이익률) $= \dfrac{\text{매출총이익(매출액 − 매출원가)}}{\text{매출액}} \times 100$

03

사장이 요구하는 자료가 바로
경영 개선의 핵심이다

결국 파산할 수밖에 없어서 파산한
회사의 사장이란?

필자는 종종 사장부인들에게 '숫자
는 바뀌지 않는다'고 말한다. 단지 바라보기만 한다고 숫자가 바뀌지
않는다. 숫자는 경영자의 사고방식과 행동이 반영된 것이다. 그러므
로 아무런 노력도 하지 않으면 아무 것도 바뀌지 않는다. 경영자가 어
떤 의지를 갖고 행동했을 때 숫자가 바뀌는 것이다.

또 한 가지 다른 예를 소개해 보자. 어느 자동차 부품업체는 리먼
쇼크 직후 위기를 맞았다. 그때까지 165억원이던 매출이 106억원으
로 격감, 경상이익에서 6억 7000만원의 적자가 산출되었다.

사장은 매출 감소에 큰 충격을 받았다. "매출 100억 정도로는 이끌
어 나갈 수 없다."고 말하면서 깊은 시름을 드러냈다. 그러나 필자는
수년간의 결산서로 눈을 돌린 결과 전혀 다른 인상을 받았다.

그 회사의 적정 규모는 본래 매출 100억원 정도처럼 보였던 것이

다. 리먼 쇼크 전에 165억원이나 되었던 것이 오히려 이상한 상태였다. 그런데도 165억원의 매출에 맞추어 고정비를 늘려버렸다. 6억 7000만원의 적자를 낸 원인이 거기에 있지 않았을까?

이 회사의 경우 고정비를 다시 한번 100억원의 매출 규모에 맞출 수 있다면 위기를 넘길 수 있다고 생각했다.

사장은 바로 비용 삭감계획을 내놓았다. 계획의 중심은 생산관리에서 낭비를 줄이고 인원을 재배치하는 것이었다. 그와 더불어 직원간에도 위기감이 높아져 의식개혁이 추진되었다.

결과는 어떻게 되었을까? 1년 지나도 매출은 별로 바뀌지 않은 116억원이었다. 그러나 경상이익은 9000만원의 흑자를 냈다. 게다가 2년 후에는 매출이 135억원까지 신장했고 경상이익은 4억 8000만원의 흑자를 냈다. 사장은 자신감을 회복했고 회사는 활기를 되찾았다. 이윽고 위기를 극복하게 되었다고 생각해도 좋을 것이다.

이 자동차 부품업체의 사장부인은 필자가 주재하는 '사장부인 혁신강좌'의 수강생이다. 수강생의 남편 중에는 자기 아내가 어디에서 무엇을 배우고 있는지 전혀 관심을 보이지 않는 사람도 있는 것 같다. 그러나 이 회사의 사장은 부인이 강좌를 마치고 집으로 돌아오면 반드시 "이번에는 무슨 공부를 했는가?"를 물어보았다고 한다.

어려운 회사를 회복시킬 수 있는 경영자들은 어느 누구 할 것 없이 겸허하고 솔직하다. 그러한 겸허함이나 솔직함은 새로운 것을 받아들일 수 있는 유연성, 자기와 생각이 다른 사람의 의견도 경청하고 필요하다고 생각하면 받아들일 수 있는 넓은 도량도 갖고 있다.

유감스럽게도 세상에는 경영개혁에 실패하고 파산해버린 중소기업도 수없이 많이 있다. 필자 역시 몇몇 사례를 보아왔다. 그 경험을 통해 말할 수 있는 것은, 조금 신랄한 표현일지는 몰라도 파산할 수밖에 없어서 파산한 회사도 있다는 것이다.

한 마디로 '중소기업 경영자' 라 해도 실제 다양한 유형의 사람들이 있다. 파산한 회사의 사장도 여러 가지 유형이 존재한다. 피붙이처럼 살갑고 호쾌하지만 돈 계산이 서툰 사장, 반대로 돈 계산은 잘하지만 나약하고 의존심이 강한 사장, 논리적이지만 실행력이 부족한 인텔리 사장, 그리고 자존심만 높고 계획대로 행해지지 않으면 남 탓만 하는 2대째 사장…….

그러나 비슷한 면도 있었다. 가령 회사를 파산으로 이끈 사장의 대부분은 남의 말을 듣지 않고 자기 방식을 바꾸려들지 않는 독불장군 식이 많았다. 직원의 목소리도 사장부인의 호소도 들으려 하지 않고, 물론 나의 어드바이스에도 귀 기울이지 않았다. 그 결과 독선적인 경영이 막다른 골목에 이르렀다 느꼈을 때는 이미 개혁하려 해도 아무 소용이 없었다.

결산서는 회사의 성적표, 그리고 회사의 실적은 경영자가 살아갈 길이라고 필자는 절실히 생각한다.

결산서를 읽는 요령은
숲을 보면서 나무도 보기이다

사장부인에게 있어서 사장인 남편이 어떤 유형인가가 중요한 문제지만, 사장부인들의 이야기를 들어보면 아무래도 남의 말을 들으려 하지 않는 사장 쪽이 많은 것 같다.

그러나 만약 회사가 파산하게 되면 사장부인도 많은 직원들도 길거리에 나앉게 되므로 사장부인은 어떻게든 사장을 뒷바라지해야 한다. 그런 의미에서 가령 사장이 남의 말을 듣지 않는 독선적인 유형이라해도 듣도록 만들어야 한다.

그런 의미에서 결산서는 사장이 남의 말을 듣게 하기 위해 꼭 필요한 수단이요, 도구이다. 경영개선의 돌파구는 반드시 결산서 속에 있다. 말만으로 사장의 마음을 움직이고 설득하기란 쉬운 일이 아닐지도 모르지만, 결산서를 보여주고 정확한 자료에 대해 이야기를 해주면 제아무리 고집 센 사람이라도 설명을 듣고 싶어지게 마련이다.

그래서 본서에서는 다음 장 이후 결산서를 어떻게 분석하고 경영판단에 유용한 자료로 제공하는가에 대해 구체적으로 설명하고자 한다. 그 전에 몇 가지 이야기해 두고 싶은 점이 있다.

먼저 결산서를 읽기 위한 마음가짐에 대하여 살펴 보자.

'나무를 보고 숲을 보지 못한다'는 말이 있다. 하나하나의 항목과 세밀한 숫자에만 사로잡혀 전체의 균형이나 투자에 대한 장기적인 합

리성을 생각하지 못한다는 뜻이다. 여성의 능력을 과소평가하고 싶지는 않지만, 아무래도 여성에게는 나무만 보고 숲 전체를 보려고 하지 않는 성향이 많은 것 같다. 결산서를 읽을 때도 현재의 숫자에 지나치게 얽매여 장기적인 전망을 상실하거나 '비용이 너무 들어간다'며 미래를 위한 투자를 꺼리는 경향이 강하다.

반대로 '숲을 보고 나무를 보지 못하는 것'도 곤란하다. 중소기업의 사장에게 이런 유형이 많은데, 큰일과 먼 장래의 일만 생각하고 있으면 꿈과 현실의 갭이 커져서 생각지도 못한 지점에서 발목을 잡히게 된다.

한편 사장부인 중에도 '우선적으로 숲을 보아야 한다'고 착각하는 사람이 있는 것 같다. 어느 정도 결산서의 숫자를 읽을 수 있게 되면 숲 전체가 보인다고 생각하여 '이 회사에 관해 가장 잘 알고 있는 것은 나'라고 생각하게 되어버릴지도 모른다.

그러나 그것은 세상물정 모르고 하는 소리다. 실제로 경영을 담당하고 있는 것은 사장부인이 아니라 사장이다. 사장의 두 어깨에 짊어지고 있는 책임의 무게와 고독의 깊이는 사장부인에 비유할 바가 못된다. 사장부인은 자기가 어디까지나 사장의 서포터 역할을 하는 것임을 잊어서는 안 된다. 자기가 사장이 되어 경영 전체에 대해 또 전 직원의 생활에 관해 모든 책임을 짊어질 각오가 있다면 모르겠지만, 그렇지 않다면 사장의 서포터 역할에 충실해야 한다.

그럼 서포터로서의 사장부인은 어떤 마음가짐으로 결산서를 바라보면 좋을까? 대답은 '숲을 보고 나무를 보기'이다. 사장부인은 숲 전체를 내다보면서 나무 한 그루 한 그루도 잘 보기 바란다. 사장이 숲밖에 보지 못하는 유형이라면 더한층 결산서의 구석구석까지 정확하게 보고 있어야 한다. 그리고 사장에게 이렇게 격려해라.

"사장님은 숲을 바라보세요. 나무 한 그루 한 그루는 제가 확실하게 보고 사장님에게 보고할게요."

04

회사 경영에 유용한 결산서를 읽는 방법

결산서를 '다섯 개의 눈'으로 분석하라

결산서의 숫자를 읽을 수 있게 되면 자연히 숲 전체상도 볼 수 있게 된다. 단, 결산서를 읽는 데는 요령이 있다. 막연하게 숫자만 바라보는 것은 아무 소용이 없다. 눈앞에 펼쳐져 있는 숫자에서 지금 무엇을 읽어내야 하는지 관점을 명확하게 파악할 필요가 있다.

결산서를 읽을 때 필요한 관점은 다섯 가지이다.

· 안정성

· 수익성

· 성장성

· 생산성

· 채산성

각각에 관해서는 다음 장 이후에 상세하게 다루겠지만, 우선 아주 간단하게 설명하고자 한다.

1. 안전성

중소기업에서 가장 중요한 것은 '안전성'이다. 회사를 둘러싼 환경이나 사회정세의 변화에 따라 '견뎌낼 수 있는 힘'이 얼마만큼 있는가를 보기 위한 지표이다. 가령 안전성이 높으면 높을수록 경제적인 화재 발생 등의 예상하지 못한 사고나 천재지변을 겪더라도 견뎌낼 수 있는 힘이 커지게 마련이다.

안전성을 보려면 재무상태표에서 재무 체질을 조사해 본다. 안전성 지표는 몇 가지가 있는데, 가장 중요시해야 할 점은 회사 현금의 흐름이다. 유동자산의 상태, 즉 '언제 어느 때라도 사용할 수 있는 현금이나 예금'이 얼마나 있는가이다.

외상매출금이나 수취어음은 만일의 경우에 전부 돈으로 바꿀 수 있는지의 여부를 알 수 없다. 비유동자산도 전적으로 믿고 의지할 수 없다.

2. 수익성과 성장성

다음 수익성과 성장성은 기업 활동의 두 바퀴이다. '수익성'은 매년 수익을 얼마나 확보할 수 있는가? 혹은 충분한 수익을 확보할 수 있는 체질인가? 다시 말해 '벌어들이는 힘'이 어느 정도 되는가를 보기 위한 지표이다.

그리고 '성장성'은 매출과 이익, 자산, 종업원 수 등이 매년 증가하고 있는가의 여부를 나타내고 있다.

창업 초기에 회사가 가장 중요시해야 할 것이 수익성이다. 캐시플로에 어느 정도 여유가 생길 때까지는 어떻게든 벌어서 돈을 저축해두어야 한다. 또 이익과 매출의 증가를 상회하는 속도로 종업원을 늘리거나 부동산에 투자하는 일을 해서는 안 된다. 모두 캐시플로가 정체상태에 빠지게 만드는 원인이 된다.

3. 생산성

'생산성'은 크게 두 가지로 나뉜다. 종업원 한 사람당 어느 정도의 매출과 이익을 창출하는가를 보기 위한 '노동생산성'과 투자한 자본이 어느 정도 가치를 창출하는가를 보기 위한 '자본생산성'이 있다.

4. 채산성

그리고 마지막 '채산성'은 비즈니스의 손익분기점을 보기 위한 재무지표이다. 회사가 무언가 새로운 사업을 시작할 때, 신상품을 발매할 때, 또는 새로운 시장을 개척하려 할 때, 반드시 그곳에는 '최소한 이만큼의 매출이 필요'하다는 손익분기점이 있다. 채산성을 도외시한 비즈니스를 시작하는 것은 대단히 위험하고 회사 파산의 원인이 되는 경우도 종종 있다.

　이처럼 결산서의 숫자는 여러 가지 많은 것을 가르쳐 준다. 경영판
단에 유용한 지표도 단순한 것부터 복잡한 것까지 무궁무진하게 많이
들어 있다. 그러나 이상에서 열거한 다섯 가지 지표를 이해하고 읽어
낼 수 있는 것만으로도 대단히 많은 것을 파악할 수 있다. 회사 경영
이 잘 되지 않는 원인이 어디에 있는지, 그 문제를 개선하려면 어떻게
하면 좋은지 알 수 있게 된다.

　예를 들어 안전성, 즉 캐시플로에 문제가 발생했을 때 성장성과 수
익성을 살펴보기만 해도 '왜 자금 흐름이 나빠졌는지' 찾아낼 수 있
다. 그리고 성장성과 수익성에 문제가 발생했을 때는 근본적인 원인
이 생산성에 있는 경우가 많다. 직원 수가 지나치게 많으면 당연히 인
건비가 경영을 압박한다. 투자를 위해 행한 차입이 지나치게 커져도
역시 상환과 이자 부담이 어깨를 짓누르게 된다.

　여기까지 파고 들어가 숫자를 읽어내야 비로소 회사 실적이 왜 늘
어나지 않는지 원인을 파악할 수 있게 된다.

경영이 악화된 원인을
정확하게 진단하고, 찾아내라

회사 실적이 악화되면 '불황으로 매출이 향상되지 못한 탓이다'라고 생각하는 경영자가 많은 것 같다. 그러나 경영이 정체상태에 빠진 원인을 언제나 불황 탓으로만 여길 수 없다. 또 매출을 늘리는 것만이 효과적인 개선책이라고도 단정할 수 없다. 역경을 타개하는 방법은 그 회사의 상황에 따라 또 여러 조건에 따라 다르다. 경영이 악화된 원인을 정확하게 찾아낼 수 있어야만 적절한 개선책을 내놓을 수 있다.

가령 1인당 노동생산성이 낮은 경우 개선책으로 구조조정[1]을 생각하는 경영자도 많을 것이다. 그러나 노동생산성이 낮은 것은 진정으로 직원이 너무 많아서일까? 어쩌면 직원의 도덕성과 직업의식이 낮은 탓일지도 모른다. 인원 배치와 노동환경이 나쁘기 때문일지도 모른다. 그렇다면 회사 내의 의식개혁이나 배치 전환을 도모함으로써 구조조정 없이도 노동생산성을 높여가는 것이 가능하다.

자금력에 여유가 없는 중소기업이 중요시해야 할 점은 매출보다 이익이며, 생명줄이 되는 것이 자금의 흐름이라고 서술한 바 있다. 가족이 안심하고 살아가기 위해 어느 정도의 예금이나 적금이 필요한 것과 마찬가지로 회사도 만일의 경우를 대비하여 언제 어느 때라도 급

하게 사용할 수 있는 현금 준비가 필요하며 그에 걸맞은 이익을 내야
한다.

단, 매출을 중시해야 하는 경우도 있다. 어느 전통과자업체의 사례
를 살펴보자.

그 회사는 지역에서 잘 알려진 오래된 회사로 시내에 몇 개의 직영
매장을 두고 있다. 주력상품은 전통과자이지만 몇 년 전부터 케이크
를 중심으로 하는 서양식 과자 판매도 시작했다. 그런데 이 케이크 판
매가 좀처럼 본궤도에 오르지 못했다. 전통과자에 비해 반품률이 높
은 것이 최대의 문제였다.

사장은 탄식하듯 말했다.

"서양식 과자를 시작한 것이 잘못이었습니다. 반품률이 20% 가까
이 됩니다. 이런 식이라면 당해낼 수 없으니 앞으로 케이크 판매를 중
지할까 생각 중입니다."

결산서를 보고 있던 필자는 놀라며 말했다.

"사장님, 잠깐 기다려주십시오. 지금 케이크 판매를 그만둔다면 큰
일입니다."

반품률 20%는 분명히 문제였지만, 그래도 서양식 과자 부문의 매
출은 회사 매출 전체의 30%를 차지하고 있었다. 케이크 판매를 그만
둘 경우 30%의 매출 감소를 보충해줄 수 있는 상품이 달리 있는 것일
까? 혹은 매출이 30% 감소해도 충분히 이익을 확보할 방책은 갖고

있는가?

이 전통과자업체가 해야 할 일은 케이크 판매를 그만두는 것이 아니라 케이크의 반품률을 낮추는 일이다. 반품률이 높은 것은 매입량이 지나치게 많은 탓일지도 모른다. 또는 물품 구색 맞추기로써 매력이 없기 때문일지도 모른다. 그 원인을 분석해서 직영매장에서 팔 수 있을 만큼만 매입하고 매입분은 반드시 매진시키도록 개선해야 한다. 그렇게 하면 반품률이 내려가는 것으로 이익 증가를 꾀할 수 있다.

효과적인 경영개선책은 기업에 따라 또 상황에 따라 다르다. 그러나 힌트는 늘 결산서 속에 있는 법이다.

그럼 다음 장에서는 결산서를 읽기 위한 '다섯 개의 눈'에 초점을 맞추면서 구체적인 경영개선책에 관해 생각해 보기로 하자.

---

1) 구조조정 : 영어 restructuring. 본래는 사업 재구축이라는 뜻이지만, 여기서는 채산성이 낮은 부문의 축소 등에 따라 행해지는 종업원 삭감 즉 '해고'를 뜻한다.

경영판단에 도움이 될 만한

결산서 읽는 법을

몸으로 익혀라

2부

결산서를 분석하고
경영에
활용하라

경영판단에 도움이 될 만한
결산서 읽는 법을 몸으로 익혀라

한때 필자가 오래도록 고문으로 근무해왔던 중소기업의 사장이 고령을 이유로 은퇴하게 되었다. 사장부부에게는 자식이 없고 달리 후계자도 없었다. 사장은 회사를 매각하기로 결심했다. 사장이 원하는 조건은 회사 이름을 그대로 유지할 것과 직원을 한 사람도 해고하지 않는 것이었다. 솔직히 말해 사장도 나도 반신반의했다. 중소기업 수난시대에 그렇게 좋은 조건으로 회사를 매입해줄 상대를 발견할 수 있을까?

결과는 우리들의 기대를 훨씬 초과했다. 이쪽에서 제시한 조건을 인정해줄 뿐만 아니라 놀랄 만한 가격으로 매매계약이 성사되었다. 매각하는 우리들도 매수자인 상대방 기업도 100% 만족한 이상적인 M&A가 되었다.

왜 그 M&A는 그렇게까지 잘 성사된 것일까?

첫 번째 이유는 이 회사가 상대방이 요구하는 높은 기술과 독자적인 서비스를 갖추고 있었던 점이며,

두 번째 이유는 사장부부가 견실한 경영을 지속해온 결과 이 회사는 자기자본 비율이 높고 재무상태가 매우 좋았던 점이며,

세 번째 이유는 이 회사 결산서의 내용이 명확하면서도 매우 깔끔하게 정리되어 있었고 의심할 만한 구석이나 불명료한 점이 전혀 없었던 점이다. 이 회사는 원래 3사로 분리되어 있었지만 미래를 위해 1사로 통합하고 자산 등을 알기 쉽게 만들어두었던 것이 그런 성과를 가져왔다.

즉 이 회사 사장부부는 해야 할 일을 평소에 정확하게 해놓았을 뿐이다. 그것이 쌓이고 쌓여 마지막에 커다란 가치를 창출한 것이다. 그중에서도 결산업무를 모두 자기 손으로 행해 온 사장부인의 공헌이 컸다고 생각한다.

M&A와 같은 사례에 한하지 않고 은행이나 거래처가 상대기업을 평가할 때도 결산서를 철저하게 분석한다. 재무상태표도, 손익계산서도 막연하게 바라보면 단순한 숫자의 나열에 불과하지만, 특정한 의도를 갖고 해독하고, 분석하고, 비교하면 여러 가지 사항을 발견하게 된다.

그렇다면 사장부인이 결산서를 작성하는 것뿐만 아니라 경영자의 눈으로 결산서를 읽을 수 있게 된다면 그것은 그야말로 도깨비 방망이가 되지 않을까?

결산서를 읽을 수 있으면 실적이 향상되지 않는 원인이나 회사가 안고 있는 어려운 문제점을 발견할 수 있다. 문제점을 찾아내면 그것을 사장에게 보고하고 함께 개선책을 생각해 나갈 수도 있다. 그 결과 회사는 파산의 위기를 극복할 수 있을지도 모른다. 그뿐 아니라 더욱 발전하게 될지도 모른다. 결산서 데이터가 경영 판단에 도움이 된다는 것은 그 때문이다.

물론 자기 회사를 비싸게 매각하기 위해 결산업무를 행하는 사장부인은 적을 것이다. 그러나 결국 회사를 M&A하건 후계자에게 넘겨주건 경영기반을 정비하여 최대한 양호한 상태를 만들어 승계하고 싶지 않을까?

제2부에서는 결산서를 올바르게 해독하고 분석하고 경영판단에 활용하기 위한 구체적인 방법을 이야기하려 한다. 키워드는 안전성, 수익성, 성장성, 생산성, 채산성 다섯 가지인데 모두 경영분석을 진행하는데 중요한 지표가 된다.

숫자 이야기이므로 아무래도 까다로운 부분이 있을 것이다. 숫자가 질색인 사람은 고통을 느낄지도 모른다. 그래도 처음에만 힘들 뿐이다. 이것도 사장부인의 일 중에 하나이므로 "필자가 하지 않으면 누가 하리오!"라는 기백을 갖고 조금만 힘써주기 바란다. 똑같은 결산서를 보면서도 이전과는 전혀 다른 세계가 펼쳐질 것이다.

4장

만일의 경우에도
당신의 회사는
안전한가?

중소기업에 있어서 가장 중요한 '안전성' 분석과 안전성을 높이기 위한 대책

예상 밖의 환경변화에도 견디고 살아남을 수 있는 회사를 목표로 삼자

즉시 활용 가능한 유동자금을 확보해 두자

경영분석의 주제와 방법에는 몇 가지가 있다. 일반적으로 손익계산서를 중심으로 '수익성' 분석부터 시작하는 경우가 많을 것이다. 중소기업에서도 창업기에는 어떻게든 이익을 올려 사업을 본궤도로 올려놓아야 하므로 역시 수익성 분석을 중요시해야 한다. 그러나 경영이 본궤도에 오르고 투자나 차입이 시작되면 '안전성' 분석이 가장 중요해진다.

안전성은 회사의 지급 능력과 재무체질의 건전성을 알기 위한 지표이다. 안전성이 높은 회사일수록 재무체질이 양호하고 자금조달도 원활하다. 열쇠가 되는 것은 '캐시플로' 즉 자금의 흐름이다.

중소기업에서 많이 보이는 '흑자도산'은 이익을 내고 있는데 현금이 없어서 발생한다. 그런 사태를 피하기 위해서라도 재무상태표를 토대로 안전성 분석을 행하고 자기 회사의 유동자산 상황을 파악해

두어야 한다. 중소기업 경영에는 캐시플로 강화가 급선무이다.

필자가 막 결혼했을 무렵에는 '어떻게든 1000만원 저축하자'고 결심하고 사고 싶은 것도 참으면서 오로지 돈을 모았다. 만약에 무슨 일이 생기면 힘들어지므로 최저 1000만원의 저금이 필요하다고 생각했기 때문이었다.

회사도 마찬가지이다. 이상적으로는 매출 3개월분 정도의 현금 준비가 필요하다. 사장부인 중에는 매월 자금조달조차 힘겨워하는 사람도 많을 것이다. '매출 3개월분'이라 말하면 '그렇게까지 모아둘 필요가 없다'고 생각할지도 모른다. 그러나 만일의 경우를 대비해 필요하다. 자금조달의 원천은 매월의 매출이다. 가령 매출대금을 회수할 수 있는 것이 다음 달 말이라고 하자. 차입금은 매월 상환해야 하고, 90일 결제로 발행한 지급어음[1]을 결제하려면 3개월 후까지의 자금이 필요하다.

이 회사에서 갑자기 대형사고가 일어나 1개월간 영업할 수 없게 된다면 어떻게 될까? 그 달의 매출은 0원이다. 당연히 다음달 회수할 수 있는 외상매출금도 0원이다. 영업을 재개한다고 해도 한동안 대형사고가 일어나기 이전만큼 매출을 예상할 수 없을지도 모른다. 그러나 고정비 지급이나 차입금 상환, 어음 결제는 때를 기다려주지 않는다. 모아두었던 현금이나 예금을 깰 수밖에 없다. 그렇다면 역시 최저 2개월분의 운영자금이 필요하다. 여기에 1개월분의 잉여자금을 더하여 매출 3개월분의 저축은 있어야 한다는 이야기이다.

3개월분의 현금이 모일 때까지 있는 힘껏 지출을 억제해야 한다. 종종 "회사명의로 자동차를 구입하면 경비가 늘어난다."고 말하는데 터무니없는 말이다. 경비로 산정한다 해도 그 분량 만큼의 자금은 확실하게 줄어든다.

차입금으로 토지나 건물을 매입하는 것도 위험하다. 토지나 건물 등의 비유동자산은 본래 자본금이나 잉여금 등의 순자산으로 매입해야 한다. 돈을 빌리면 이자를 내고 갚아야 한다. 차입금 상환이 어려워 새로 돈을 빌리는 일이 쌓여서 점점 몸을 움직일 수 없게 되는 회사가 많다는 것을 잊지 말아야 한다.

돈을 빌릴 경우 원칙적으로 필요한 금액만 빌리도록 한다. 은행이 대출해 준다고 해서 필요 이상의 금액을 빌려서는 안 된다. 많이 빌리면 매월 상환해야 할 액수도 그만큼 늘어나고 자금 흐름을 압박하는 원인이 된다.

외상매출금이나 받을어음, 재고자산의 내용에도 주의를 기울여야 한다. 재무상태표를 확대하여 안전성 분석을 행할 때, 필자는 언제나 눈앞에 펼쳐져 있는 숫자를 향해 "너는 진짜 돈이 되어 줄 수 있니?"라고 묻는다. 그 외상매출금을 확실히 회수할 수 있는지, 그 어음은 틀림없이 현금화할 수 있는지, 그 재고는 계획대로 판매해서 자금으로 바꿀 수 있는지 따져봐야 한다. 회수할 수 없는 외상매출금이나 팔릴 가능성이 없는 재고는 만일 최악의 사태가 발생했을 때 아무런 도움이 되지 못하기 때문이다.(도표 5)

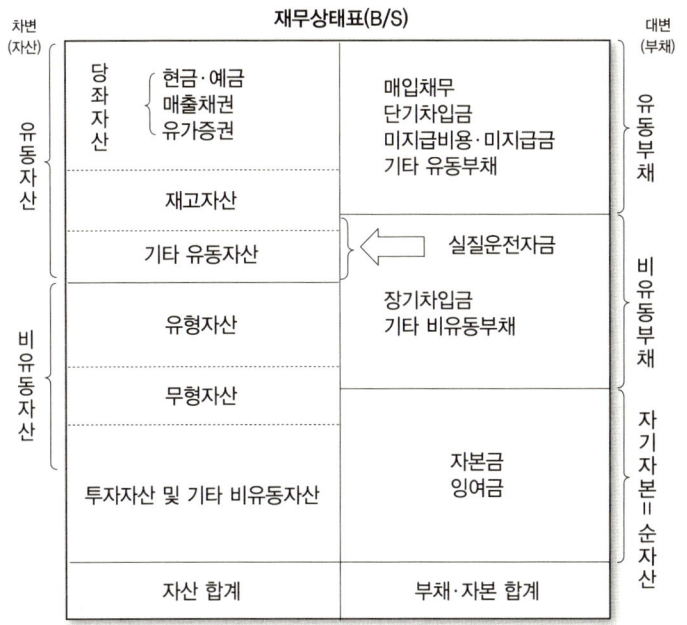

안전성이 높은 회사란 차입금과 불량채권, 불량재고가 적고 언제라
도 현금화할 수 있는 유동자산이 많은 회사를 말한다. 예상외의 환경
변화에도 견디고 살아남을 수 있는 것은 그런 회사다. 과연 당신 회사
의 안전성은 어떠한가?

안전성을 보기 위한
다섯 가지 지표

 그럼 구체적인 사례를 소개하면서 회사의 안전성을 분석하는 방법과 그 개선책에 관해 설명하기로 한다. 이 장에서는 두 개의 회사가 등장한다. 대도시에서 간판 제작 등을 행하고 있는 상업디자인 A사와 중부지방의 유명 피서지에서 건설업을 하고 있는 B사이다. 두 회사 모두 사장부인이 필자의 '사장부인 혁신강좌'의 수강생이며 그 인연으로 회사의 경영을 도와주고 있다.

A사는 창업 22년차로 매출은 연간 234억원, 종업원 25명이다. 창업자인 사장은 국가전람회 등에서 몇 번 입선한 경력이 있을 정도로 예술가로서도 뛰어난 재능의 소유자이다. 또 영업 센스가 뛰어나고 총명한 사장부인, 그리고 사장의 디자인 감각이나 아이디어를 형상화하여 디렉터 역할을 담당하는 부장(사장의 동생), 각각의 재능을 하나로 합치면 3개의 화살이 되고 향후 번쩍번쩍 빛나는 회사가 될 만한 잠재력을 갖추고 있다.

사장 스스로 "어느 세미나에서 회사가 적자를 내는 것은 사회악이라는 말을 듣고, 창업 이후 적자를 낸 적이 없다."고 말하는 것처럼, 빌린 돈도 없고 정말로 재무체질이 강한 회사이다.

한편 B사는 매출은 A사와 비슷한 규모로 약 240억원, 종업원 13명이다.

창업 44년차로 현재 사장은 2대째이며 건물이나 주택, 별장 등의 신축은 물론이고 재건축이나 증개축 등 사업을 광범위하게 확장하고 있다. 창업자인 사장은 회장으로 물러났지만 지금도 정정하게 노익장을 과시하고 있다. 사실은 안전성 분석을 행하면서 이 회장의 '어떤 행동'이 회사의 재무 상태에 크게 영향을 미치고 있다는 것을 알게 되었는데 이에 대해서는 본장 마지막에서 서술하기로 한다.

A사와 B사의 재무상태표는 다음과 같다.(도표 6, 7) 다음 쪽에 제시한 이 두 개의 재무상태표에서 양사의 안전성을 분석해 보도록 하자.

안전성을 판단하는 다섯 가지 지표는 크게 세 그룹으로 나눈다.

· 유동비율과 당좌비율 — 단기적인 지급 능력을 보여준다.
· 고정비율과 고정장기적합률 — 장기적인 안전성을 보여준다.
· 자기자산비율 — 재무체질의 건전성을 보여준다.

도표 6 A사의 B/S와 P/L (22기)

재무상태표(B/S) (단위:천원)

차변	대변
유동자산 4,633,800 (그 중 당좌자산) 4,266,500	유동부채 1,814,900
	장기차입금 1,505,500
비유동자산 6,371,400	순자산 7,684,800
자산합계 11,005,200	부채·자본 합계 11,005,200

손익계산서(P/L)

차변	대변
매출원가 16,046,300	매출액 23,404,500
판매관리비 6,473,300	
영업외비용 88,700	
세전이익 1,072,300	영업외수익 276,300

유동비율 255.3% 자기자본비율 69.8%
당좌비율 235.1%
고정비율 82.9%
고정장기적합률 69.3%

도표 7 B사의 B/S와 P/L (42기)

재무상태표(B/S) (단위:천원)

차변	대변
유동자산 7,907,300 (그 중 당좌자산) 3,498,700	유동부채 4,825,000
비유동자산 20,352,500	비유동부채 16,648,000
	순자산 6,786,800
자산 합계 28,259,800	부채·자본 합계 28,259,800

손익계산서(P/L)

차변	대변
매출원가 19,451,400	매출액 23,915,100
판매관리비 3,406,400	
영업외비용 1,321,100	
경상이익 68,600	영업외수익 332,400

유동비율 163.9% 자기자본비율 24.0%
당좌비율 72.5%
고정비율 299.8%
고정장기적합률 86.8%

다음에서 이 다섯 가지 지표를 소개하기로 한다. 다섯 가지 지표는 상호 관련되어 있지만, 반드시 똑같은 결론을 도출해낸다고 단정할 수는 없다. 다섯 가지를 각각 다른 관점에서 바라보면서 생각하기 바란다. 어느 측면에서 보면 '안전'한데 다른 관점에서 보면 '요주의'로 나타나는 사례도 있기 때문이다.

　결산서를 여러 각도로 초점을 나누어 바라보면서 다각적으로 분석해야 비로소 진짜 문제점을 찾아낼 수 있다. 진정 사장부인이 결산서를 읽어내야 하는 의의가 여기에 있다.

---

1) 지급어음 : 지급을 위해 발행한 어음을 말한다. 발행하고 나서 결제할 때까지 기간을 사이트라 한다. 이 기간이 길어진다는 것은 지급까지 시간적 여유가 있음을 나타낸다.

02

안전성을 분석하는
지표와 그 읽는 방법 [사례연구]

단기적인 자금조달의 안전성을 보려면
'유동비율'과 '당좌비율'을 체크하라

'유동비율'은 단기적인 지급 능력을 보기 위한 지표이다. 1년 이내에 지급해야 할 유동부채의 지급 수단으로 1년 이내에 현금화할 수 있는 유동자산이 얼마나 있는지가 초점이 된다.

'유동자산'이란 재무상태표 차변에 있는 자산항목 가운데 현금·예금, 매출채권(외상매출금＋수취어음), 유가증권, 재고자산, 기타 1년 이내에 자금화할 수 있는 자산에 해당하는 것이다.

한편 '유동부채'란 매입채무, 단기차입금, 장기차입금 중 그 해에 상환해야 할 1년분의 차입금, 미지급비용·미지급금, 가수금(假受金, 임시로 받은 돈)·선수금, 그리고 기타 1년 이내에 지급해야 하는 부채이다.

유동비율은 유동자산에 대한 유동부채의 비율이므로 유동자산을 유동부채로 나누어 100을 곱해서 구할 수 있다.(도표 8) 그리고 이 수치가 클수록 그 회사의 지불 능력은 높아지게 된다. 기준으로 130~ 150%가 '보통'이고, 170% 이상이면 '양호'로 생각해도 좋을 것이다.

도표 8 유동비율을 구하는 계산식

$$\text{유동비율} = \frac{\text{유동자산}}{\text{유동부채}} \times 100$$

A사의 재무상태표를 보면 유동자산이 46억 3380만원이고 유동부채가 18억 1490만원, 따라서 유동비율은 255.3%, 매우 양호한 수치이며 단기 지급능력이 대단히 높음을 알 수 있다.

한편 B사는 어떠할까? 유동자산이 79억 730만원, 유동부채가 48억 2500만원으로 유동비율은 163.9%인데 이쪽도 그다지 나쁘지 않다. 그러나 이것만으로 안심할 수 없다.

유동비율을 분석할 때 주의해야 할 점은 유동자산 속에 불량채권이나 불량재고가 포함되어 있는 경우가 있다는 점이다. 회수할 수 없을 것 같은 외상매출금, 진부해져서 더 이상 상품 가치가 없어져버린 재고자산 등 1년 이내에 자금 증가로 이어지지 않는 자산은 배제하고 생각해야 한다. 그 시점에서 또 하나의 지표인 당좌비율이 의미를 갖게 된다.

'당좌비율'은 당좌 운전자금으로 어느 정도 여유가 있는지를 알기 위한 지표이다. 유동자산 중에서도 가장 환금성이 높은 '당좌자산' 즉 현금 · 예금, 수취어음 · 외상매출금, 유가증권 등의 총액이 유동부채에 비해 어느 정도 있는지를 보는 것이다. 당좌자산을 유동부채로 나누어 100을 곱해서 구할 수 있으므로, 유동비율보다 엄중한 내용이 된다.(도표 9)

도표 9 당좌비율을 구하는 계산식

$$당좌비율 = \frac{당좌자산}{유동부채} \times 100$$

유동비율과 마찬가지로 당좌비율도 수치가 클수록 안전성이 높다고 생각된다. 100% 이상이면 이상적이지만 85% 정도라도 합격이라 할 수 있다.

A사의 경우 유동자산 46억 3380만원 중 당좌자금은 42억 6650만원으로 되어 있다. 따라서 당좌비율은 235.1%로 유동비율과 마찬가지로 이쪽도 훌륭한 수치이다. A사의 단기적인 지급 능력은 대단히 높다.

그러나 B사의 경우는 상황이 많이 달랐다. 유동자산 79억 730만원의 내용을 상세하게 조사한 결과, 자금화 하는데 시간이 걸릴 것이 많았으므로, 당좌자금은 절반 이하인 34억 9870만원이 된다.

결과 당좌비율은 유동비율보다 상당히 낮은 72.5% 밖에 안 된다. B사의 자금조달이 순조롭지 않음을 알 수 있다.

장기적인 안전성을 파악하려면 '고정비율'과 '고정장기 적합율'을 비교하라

 소위 '비유동자산'에는 토지와 건물, 기계설비 등의 '유형자산'과 상호나 특허권 등과 같은 '무형자산', 그리고 장기유가증권이나 출자금 등의 '투자자산 및 기타 비유동자산'이 있다.(도표 10)

도표 10 장기적인 안정은 비유동자산에서 찾는다

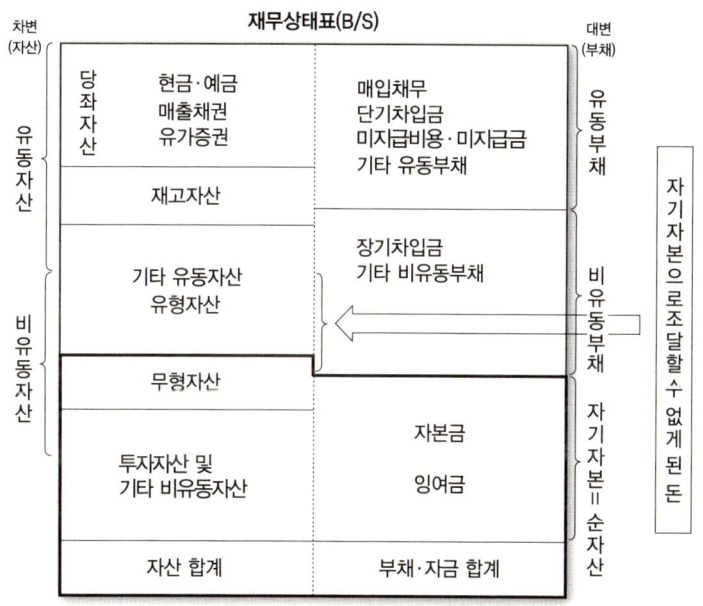

도표 11 고정비율을 구하는 계산식

$$고정비율 = \frac{비유동자산}{자기자본} \times 100$$

그러한 비유동자산은 본래 상환을 필요로 하지 않는 자기자본으로 구입해야 하는데, 현실적으로 그것들을 조달할 수 있는가의 여부를 살펴보기 위한 지표가 여기서 설명하는 고정비율이다.

'고정비율'은 비유동자산의 합계를 자기자본으로 나누고 100을 곱하는 것으로 구할 수 있다.(도표 11)

유동비율이나 당좌비율과 달리 고정비율의 수치는 적을수록 안전성이 높음을 나타내며, 100% 이하가 이상적이다. 자기자본만으로는 비유동자산을 조달할 수 없는 경우의 고정비율은 100%를 초과해버린다. 그 경우 차입 등의 타인자본을 도입하게 된다. 100%를 초과한 수치가 크면 클수록 타인자본의 도입(장기차입금)이 팽창하게 되므로, 무리한 투자를 행하고 있다고 생각해야 할 것이다. 이것은 자본조달을 악화시키는 원인이 된다.

내 집 마련으로 바꾸어 생각해 보자. 예를 들어 5억원의 저금을 모두 사용하여 5억원짜리 집을 현금으로 구입하면 고정비율은 꼭 100%이다. 한편 자기자금 4억원에 1억원 대출을 받는다면 고정비율은 125%, 자기자금 3억원에 대출이 2억원이라면 167%, 자기자금 2억원에 대출이 3억원이라면 250%가 된다.

가계와 회사의 재무가 다르다고 하지만 250%라는 숫자가 나오면 불안해질지도 모른다. 그러나 가령 이와 같은 숫자가 나와도 이 숫자만으로 '위험'하다고 판단하는 것은 시기상조이다. 또 하나의 지표인 고정장기 적합률도 살펴보아야 한다.

　'고정장기 적합률'은 비유동자산을 자기자본으로 조달할 수 없는 경우 그 자금을 어떤 방법으로 보충하는지를 살펴보기 위한 지표이다. 고정비율에서는 비유동자산의 합계를 자기자본으로 나누었지만, 고정장기 적합률에서 분자는 똑같은 비유동자산의 합계를 이번에는 자기자본과 비유동부채의 합계로 나눈 것에 100을 곱해서 구한다.(도표 12)

도표 12 고정장기 적합률을 구하는 계산식

$$\text{고정장기 적합률} = \frac{\text{비유동자산}}{\text{자기자본} + \text{비유동부채}} \times 100$$

　'비유동부채'란 단기간에 상환할 필요가 없는 장기적인 부채를 말하며, 은행에서의 장기차입금이나 기타 비유동부채가 포함된다. 이 고정장기 적합률이 100% 이하라면 적합범위라 생각된다.

　앞의 내 집 마련의 경우로 생각하면, 주택대출이 비유동부채에 해당한다. 따라서 3억원의 주택대출을 포함하여 5억원 집을 구입한 경우는 자기자본과 대출을 포함하여 5억원이므로 고정장기 적합률은 꼭 100%이다. 3억원의 차입이 있어도 비유동부채라면 염려할 필요가 없다는 말이다.

단, 이 수치가 100%를 초과할 경우에는 주의를 요한다. 비유동자산을 구입하는데 장기차입금 등의 비유동부채가 아니라 단기자금 등의 유동부채로 보충하는 것을 생각할 수 있기 때문이다. 바로 돈으로 바꿀 수 없는 자산을 1년 이내에 상환해야 하는 단기차입금으로 구입했기 때문에 자금조달 악화를 각오해야 한다. 그러한 계획은 재평가가 필요하다. 상황에 따라서 유휴자산의 매각도 생각해야 될 것이다.

그럼 A사와 B사의 재무상태표를 토대로 양사의 고정비율과 고정장기 적합률을 살펴보자.

A사의 경우는 비유동자산이 63억 7140만원, 자기자본(순자산)이 76억 8480만원이므로 고정비율은 82.9%인데 이것은 비유동자산을 자기자본으로 조달하게 된다. 비유동부채(장기차입금) 15억 550만원을 더하여 고정장기 적합률을 계산한 결과는 69.3%이므로 이쪽도 100%를 크게 밑돌아 매우 안전한 상태이다.

한편 B사는 꽤 어려운 숫자를 보여주었다. 비유동자산 203억 5250만원에 대해 자기자본은 불과 67억 8680만원이므로 고정비율은 실제 299.8%에 달한다.

고정장기 적합률은 어떠한가 하면, 비유동부채가 166억 4800만원이므로 86.8%가 되어 100%에 육박해 있다. 그러나 비유동부채의 대부분이 비유동자산의 구입자금으로 충당하고 있는 점은 큰 문제이다. 더욱 문제가 되는 것은 장기차입금 상환에 매년 23억 7000만원이 필요하다는 점이다. 경상이익 6850만원으로 도저히 채울 수 없다. 신속하게 수익성 개선을 꾀할 필요가 있다.

재무체질의 건전성을 알 수 있는 '자기자본 비율'

안전성의 마지막 지표는 재무체질의 건전성을 살펴보기 위한 자기자본 비율이다. 이것은 안전성을 분석하는데 가장 중요한 지표가 되기도 한다.

'자기자본 비율'은 총자본에서 차지하는 순자산, 즉 자기자본의 비율을 나타내는 지표이다. 자기자본을 총자본으로 나누어 100을 곱하는 것으로 구할 수 있다.(도표 13)

도표 13 자기자본 비율을 구하는 계산식

$$\text{자기자본 비율} = \frac{\text{자기자본}}{\text{총자본}} \times 100$$

'자기자본 비율'은 수치가 높을수록 순자산이 많고 부채가 적음을 나타낸다. 가계로 말하면 예금이나 적금이 많고 빌린 돈이 적은 상태이다. 따라서 기본적으로 자기자본 비율이 높은 회사일수록 안전성이 높고 재무체질도 건전하다고 생각된다.

일반의 기준으로 40% 이상이면 '우량', 20~30%가 '양호'로 생각해도 좋을 것이다. 20% 미만의 경우는 자기자본이 부족하며 재무체질도 건전한 상태라 말할 수 없다.

그럼 유동비율, 고정비율 모두 훌륭한 수치를 나타낸 A사의 자기자본 비율을 살펴보자.

A사의 재무상태표를 보면, 유동부채, 비유동부채, 순자산(자기자본) 등을 합계한 총자본이 110억 520만원이며, 그중 순자산이 76억 8480만원이다. 잠깐 들여다보는 것만으로도 총자본의 절반 이상이 자기자본임을 알 수 있는데, 자기자본 비율을 계산해 보면 실제로 69.8%에 달했다. 40%라도 '우량'으로 인정되는데 현재는 약 70%이므로 A사의 재무체질은 '초우량'이라 할 수 있다.

많은 금액의 차입금 때문에 자금조달이 어려워진 B사는 어떨까?

유동부채, 비유동부채, 순자산(자기자본)을 합계한 총자본은 282억 5980만원이고, 그중 순자산이 67억 8680만원이다. 따라서 자기자본 비율은 24.0%로 '양호'한 범위 내에 들어 있으며 그다지 나쁘지 않음을 알 수 있다.

B사가 안고 있는 문제는 재무체질 자체가 아니라 자금의 유동성이

없다는 점이다. 즉 비유동자산이 많기 때문에 자금 흐름이 악화되어 있다. 문제점을 알면 개선해야 할 과제도 보인다.

B사의 과제는 어떻게 차입의존형 경영에서 탈피하여 자금 흐름을 중시하는 경영으로 어떻게 전환하는가이다.

먼저 무계획적인 매입이나 설비투자를 중지하고 차입을 줄여나가야 한다. 애당초 총자본의 증가율은 매출액의 증가율 이하로 억제해야 하며 투자를 위한 차입과 지급이자는 감가상각 가능한 범위 내로 억제해야 한다.

동시에 현금·예금을 늘려서 유동비율을 높이기 위해 받을어음이나 외상매출금을 줄이고 재고자산의 현금화를 꾀한다. 여하튼 모든 방향에서 현상을 재평가하고 사용할 수 있는 돈, 회전할 수 있는 돈을 늘려간다. 그렇게 조금씩이라도 자금조달을 원활하게 해나가는 것이 B사 경영개선의 열쇠가 될 것이다.

서서히 보여준 B사의 희망과
A사의 뜻밖의 문제점

필자는 B사 경영개선의 돌파구를 찾기 위해 사장부인과 함께 B사가 행한 과거 몇 년 간의 투자와 차입 내용을 하나하나 점검해 보았다. 그 과정에서 이해할 수 없는 투자와 더불어 대형 차입이 2건 발견되었다.

첫 번째는 골동품 도자기와 대량의 우롱차 구입이다. 이야기를 들어보니 창업사장인 현회장이 몇 년 전 대만을 여행할 때 옛날 지인이었던 현지 비즈니스맨의 권유로 12억원에 구입했다고 한다. 그러나 건설회사가 아무리 좋은 도자기나 우롱차를 매입한다 해도 쉽사리 판매할 수 없다. 실제 그 대부분이 재고자산으로 창고에서 잠자고 있는 상태였다. 향후 판매할 수 있는 가망성도 없는 불량재고이다.

또 한 가지는 B사의 고향인 유명 피서지 한쪽 구석에 조성된 별장지의 관리영업권이다. 이 권리를 구입하기 위해 B사는 몇 년 전에 80억원을 차입했다. 피서지에서 영업하는 건설회사에 있어서 별장 관리영업권은 나쁜 매물이 아니다. 건물 수리나 개축, 관리, 청소를 비롯해 할 수 있는 일은 얼마든지 있다. 적어도 도자기나 우롱차보다 훨씬 가능성이 있다.

문제는 80억원이나 들여서 관리영업권을 사들였음에도 불구하고 충분히 활용하지 못하는 것에 있었다.

프로판가스 판매나 건물 수리 의뢰가 들어오면 대응하는 정도이고 적극적으로 영업을 하거나 홍보를 하고 있지도 않았다. 즉 80억원 분량의 무형자산이 도자기나 우롱차와 마찬가지로 창고에서 잠자고 있었으며 합쳐서 100억원에 가까운 차입금 부담만이 짓누르고 있었다.

게다가 차입금을 상환할만한 충분한 이익이 오르지 않았으므로 부족분을 추가로 대출받아 돌려막는 식으로 근근이 버터오는 바람에 차입금은 총액 180억원까지 늘어나 있었다. 180억원이나 빌리면 금리만도 연간 몇 억원이 되는데, 당시 B사의 영업이익은 연 10억원 정도에 불과했다. 아무리 생각해도 돈이 돌아갈 수가 없다. 자금 흐름이 꽉 막혀 있는 것은 당연했다.

그러나 돌파구는 있게 마련이다. 필자는 그것을 찾기 위해 결산서를 보고 또 보았다. 도자기와 우롱차 구입비는 어찌해볼 도리가 없다. 가능한 한 유리한 조건으로 되도록 빨리 상환하는 수밖에 없을 것이다. 그러나 별장 관리영업권은 다르다. 연구해보면 착실하게 이익을 낼 수 있을 것 같았다.

B사의 결산서를 상세하게 분석하면 할수록 필자는 B사의 장래가 밝게 생각되었다.

한편 재무체질 초우량의 A사에는 문제점이나 개선해야 할 점이 아무 것도 없을까?

'성은 하루아침에 무너지지 않는다'는 말이 있는데 A사는 창업 이래 22년 동안 한 번도 적자를 낸 적이 없는 보기 드문 중소기업이다. A사의 사장과 사장부인은 "기업은 절대로 적자를 내면 안 된다. 기업이 적자를 내는 것은 사회적인 죄악이다."라는 신념 아래 22년간에 걸쳐 견실하게 경영을 지속해왔다.

그러나 역시 경영상의 과제가 없는 것이 아니었다. 재무체질이 우량한 기업 특유의 함정이 도사리고 있었다. 여기서 어떻게든 대처하지 않으면 결국은 B사에 역전당할지도 모른다. 그런 불안의 싹은 다음 장 이후의 성장성과 수익성을 분석해가면서 확실히 살펴보기로 한다.

5장

당신의 회사는
버는 힘이
얼마나 되는가?

회사 경영의 목적인 '수익성' 분석과 문제점을 해결하기 위한 대책

기업경영의 목적은 '매출'이 아니라 '이익'을 올리는 것이다

전년도 숫자와 비교하여 변화가 있었다면 반드시 "왜?"를 생각하라

4장에서 말한 '안전성' 분석과 비교하여, 본장에서 말하는 '수익성' 분석은 조금 복잡하고 파악하기 어려울지도 모른다. 그러나 이곳이 더 열심히 공부해야 할 파트이다. 회사의 수익성을 분석하고 장부를 기입하는 것만으로 회사에서 해결해야 할 과제와 문제점을 발견하고 사장에게 보고해야 한다. 이것이 사장부인의 가장 중요한 역할이기 때문이다.

어느 회사에서 실제로 있었던 이야기를 소개하기로 하겠다. 필자가 결산업무를 인수받았던 회사의 이야기이다.

그 회사는 경상이익이 지속적으로 감소하여 어느 해 결국 5억원의 적자를 냈다. 경리책임자였던 사장부인은 당연히 적자로 전락한 사실을 알고 있었다. 그런데 그녀 스스로 아무 것도 분석해내지도 못하고 문제점도 전혀 찾아내지 못한 채 내 사무실로 장부를 보내왔다. 첨부

한 편지에는 평상시와 다를 바 없이 "결산서류 작성을 부탁합니다." 라고 쓰여 있었다.

　필자는 놀랐다. 충분히 예고된 결과라고는 해도 처음 적자로 돌아섰는데 어떻게 그렇게 담담할 수 있을까? 왜 경상이익이 줄어든 원인을 스스로 찾아내려 하지 않는 것일까?

　조사해 보니 원가가 전년대비 5% 상승해 있었다. 이것은 굉장히 큰 문제이다. 왜 원가가 그렇게 증가했는지 사장부인은 그 이유를 확인했을까?

　고정비도 전년과 비교하여 2억원이나 늘어나 있었다. 어째서 좀더 엄격하게 비용관리를 하지 않았을까? 자기는 아무 생각 없이 단지 장부만 기입했을 뿐이고, 문제가 발생하면 누군가가 해결책까지 가르쳐 준다고 생각하고 있었을까?

　그녀는 사장에게 아무 것도 보고하지 않았다. 그러므로 사장은 5억원의 적자가 난 것조차 몰랐던 것이다. 만약 필자가 사장부인을 질타하며 사장에게 보고하게 하지 않았더라면 사장은 아무런 방책도 강구하지 못했을 것이다.

　계산해서 기록하는 것만으로는 숫자가 지니고 있는 의미를 아무 것도 파악할 수가 없다. 또 매일 숫자를 기록하는 것만으로 장부가 갖고 있는 의미를 전할 수가 없다. 내용을 분석하고 문제점을 찾아내서 개선으로 이어져야 비로소 경영에 쓸모 있는 숫자가 되고 장부가 되는 것이다.

경영에 유용하게 활용할 수 있기 위해 행해야 하는 것이 경영분석이다. 안전성이건 수익성이건 숫자가 나오면 반드시 전년도와 비교하고, 변화가 발생하면 '왜' 이렇게 되었는지를 생각해야 한다. 그리고 찾아낸 답을 사장에게 보고하고 경영판단의 자료로 제공한다. 그것이 사장부인의 역할이다.

회사에 얼마나 '버는 힘'이 있는지 분석한다

회사 경영은 재무체질이 건강하게 안정되어 있고 매출이 순조롭다고 안심할 것이 아니다. 오히려 재무체질이 안정되어 있는 것이야말로 개선의 노력과 연구를 게을리하여 시대의 흐름을 파악하지 못하고 뒤처지게 만들기도 한다. 또한 매출은 늘어나는데도 불구하고 가장 중요한 이익이 줄어들고 있을 수도 있다. 그렇게 되면 아무리 열심히 영업해도 쓸데없는 노력으로 전락해 버린다.

기업경영의 최대 목표는 이윤 추구, 즉 '이익'을 올리는 것이다. 이 장에서 말하는 수익성 분석은 회사에 '버는 힘'이 얼마나 있는지를 살펴보기 위해 행한다.

수익성을 살피는 방법은 크게 세 가지로 나뉜다.

1. 투자자본과 이익의 비율을 살펴보는 방법

2. 매출과 이익의 비율을 살펴보는 방법

3. 자본과 매출의 관계를 살펴보는 방법

어떤 경우이건 알고 싶은 것은 '버는 힘' 이다. 회사가 얼마나 '버는 힘' 이 있는가를 나타내는 결산서는 손익계산서이다. 따라서 수익성 분석은 주로 손익계산서를 보는 것에 있다.(도표 14)

도표 14 회사의 '버는 힘'을 나타내는 손익계산서

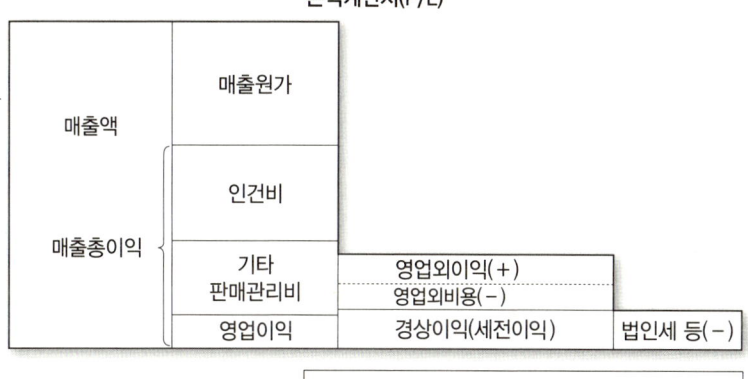

손익계산서(P/L)

손익계산서는 총매출액을 전체로 보고 비용과 이익이 각각 어느 정도 차지하는지를 알 수 있는 구조로 되어 있다. 그러나 비용에도 여러 가지가 있고 그에 걸맞는 이익도 각양각색이다. 즉 한마디로 '수익'이라 말해도 어느 비용을 빼는가에 따라 이익의 내용이 달라진다. 조금 까다롭지만 수익성을 분석하기 위한 예비지식으로, 먼저 네 가지 이익에 관해 알아두기 바란다. 3장에서도 조금 다루었지만 여기서 상세하게 살펴보기로 하자.(도표 15)

도표 15 네 가지 이익

(1) 매출총이익 = 매출액 − 매출원가
   (매출원가 = 기초재고액 + 당기 매입액 − 기말재고액)
(2) 영업이익 = 매출총이익 − (인건비 + 기타 판매관리비)
(3) 경상이익(세전이익) = 영업이익 + (영업외 수익 − 영업외 비용)
(4) 당기(순)이익 = 경상이익 − 법인세 등
(5) 주주배당금 + 임원상여를 지급한 경우
   재무상태표의 자본에 더한다 = 당기이익 − 주주배당금

네 가지 이익은 매출액에서 매출원가와 비용을 순차적으로 빼가는 방식으로 구한다.

① 매출총이익 …… 매출액에서 매출원가를 뺀 이익. '매출원가'는 기초재고액[1]과 당기매입액 합계에서 기말재고액을 뺀 것을 의미한다. 그 회사가 제공하는 상품이나 서비스의 경쟁력을 나타

내는 것으로 '매출순이익' 이라 부른다.

② 영업이익 …… 매출총이익에서 인건비 기타 판매관리비를 뺀 이익을 말한다. 그 회사 본업에서 수익력을 나타내는 지표이며 영업활동의 효율성이 반영된다.

③ 경상이익 …… 영업외수익에서 영업외비용을 빼고 영업이익에 더한 이익인데 자금운영까지 포함한 경영 전반의 성과를 나타낸다. '영업외수익' 에는 이자수익, 배당금, 유가증권 매각이익 등이 포함된다. '영업외비용' 에는 이자비용, 유가증권 매각손실, 유가증권 평가손실 등이 포함된다.

④ 당기순이익 …… 경상이익에서 법인세와 주민세를 뺀 최종적인 이익을 의미하는데 보통 '당기이익' 이라 하면 이 당기순이익을 가리킨다.

그리고 마지막 당기순이익에서 주주배당금을 뺀 것이 내부 보유로 재무상태표의 자본에 더해졌다.

**

그럼 수익성 분석 전개도(도표 16)의 흐름에 따라 지표를 하나씩 살펴보기로 하자.

앞에서도 언급한 바와 같이(p.44, 각주6 참고) 이 책에서는 특별손익은 없다는 가정하에 편의상 경상이익과 세전이익을 같은 개념으로 사용하고 있다는 것을 다시 한 번 말해둔다.

또한 이것은 다른 경영지표로도 말할 수 있는데, 실제로 분석을 행할 때 '금액'이 아니라 예를 들어 총자본과 매출액에 대한 '비율'로 생각하는 것이 원칙이다. 앞에서 말한 것처럼 숫자는 반드시 전년도와 비교할 필요가 있으며, 그를 위해 비율 쪽이 비교하기 쉽기 때문이다. 처음에는 그 과정이 약간 귀찮고 번거롭게 여겨질지도 모르지만 계산 자체는 어렵지 않다. 익숙해지면 간단하다.

---

1) 기초재고액 : 회계연도 개시일에 있었던 상품이나 제품의 총액을 말한다. 즉 전기부터 이월된 재고액을 뜻한다. 이 재고액에 당기 내에 매입된 금액을 더하고, 거기서 기말재고액을 빼면 당기 매출원가가 계산된다.

도표 16 수익성 분석 전개도

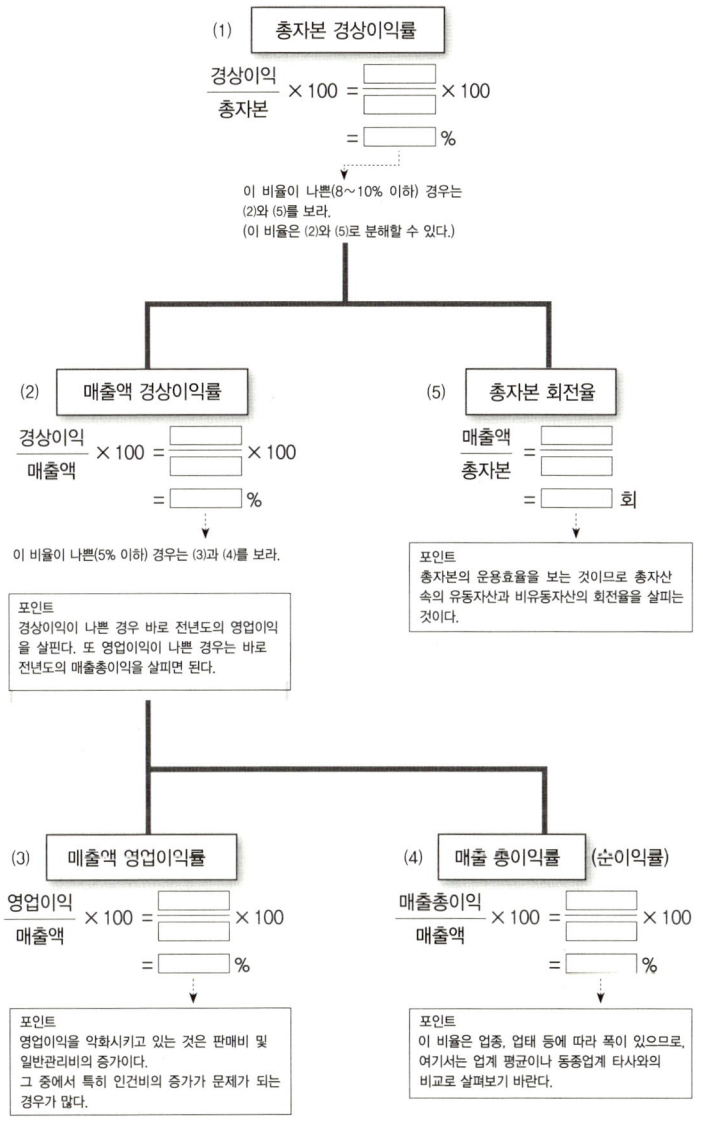

(1) **총자본 경상이익률**

$$\frac{경상이익}{총자본} \times 100 = \boxed{} \times 100$$

$$= \boxed{} \%$$

이 비율이 나쁜(8~10% 이하) 경우는
(2)와 (5)를 보라.
(이 비율은 (2)와 (5)로 분해할 수 있다.)

(2) **매출액 경상이익률**

$$\frac{경상이익}{매출액} \times 100 = \boxed{} \times 100$$

$$= \boxed{} \%$$

이 비율이 나쁜(5% 이하) 경우는 (3)과 (4)를 보라.

포인트
경상이익이 나쁜 경우 바로 전년도의 영업이익
을 살핀다. 또 영업이익이 나쁜 경우는 바로
전년도의 매출총이익을 살피면 된다.

(5) **총자본 회전율**

$$\frac{매출액}{총자본} = \boxed{}$$

$$= \boxed{} 회$$

포인트
총자본의 운용효율을 보는 것이므로 총자산
속의 유동자산과 비유동자산의 회전율을 살피는
것이다.

(3) **매출액 영업이익률**

$$\frac{영업이익}{매출액} \times 100 = \boxed{} \times 100$$

$$= \boxed{} \%$$

포인트
영업이익을 악화시키고 있는 것은 판매비 및
일반관리비의 증가이다.
그 중에서 특히 인건비의 증가가 문제가 되는
경우가 많다.

(4) **매출 총이익률** (순이익률)

$$\frac{매출총이익}{매출액} \times 100 = \boxed{} \times 100$$

$$= \boxed{} \%$$

포인트
이 비율은 업종, 업태 등에 따라 폭이 있으므로,
여기서는 업계 평균이나 동종업계 타사와의
비교로 살펴보기 바란다.

02

수익성을 분석하는 지표와 읽는 방법 ① — 총자본 경상이익률 [사례연구]

투자자본이 얼마나 이익을 창출하고 있는지를 살펴보는 '총자본 경상이익률'

'총자본 경상이익률'은 투자한 총자본에 대해 경상이익을 얼마나 창출했는지를 나타내는 지표이며, 회사가 얼마나 효율적으로 경영하고 있는지를 나타내는 것이다. '총자본'이란 자기자본과 타인자본을 합친 것. 즉 모든 자본의 합계이며 재무상태표에 있는 자산의 전부이다.

지금 여기에 10억원의 돈이 있다고 하자. 그 10억원을 밑천으로 최대한 많은 이익을 내려면 어떻게 하면 좋을까? 은행에 정기예금으로 맡기는 것이 좋을까? 그렇지 않으면 위험은 있어도 주식이나 투자신탁으로 운용하는 쪽이 좋을까?

이런 경우 10억원이 총자본이라 생각하고 그 10억원을 1년간 운용했을 때의 이율이 총자본 경상이익률에 해당한다.

총자본 경상이익률을 구하려면 경상이익을 총자본으로 나누고 100

을 곱한다. 일반적으로 8~10% 이상이 필요하다고 되어 있다.(도표
17) 은행예금이나 주식, 투자 펀드 등으로 운용한 경우의 이율과 비
교하면 알기 쉬울 것이다. 10억원의 자본금으로 사업을 시작하여 1
년간 10억원의 이익을 낸다면 총자본 경상이익률은 10%가 된다.

도표 17 총자본 경상이익률을 구하는 계산식

$$\text{총자본 경상이익률} = \frac{\text{경상이익}}{\text{총자본}} \times 100$$

  물론 현실에서의 사업은 생각만큼 그리 간단치가 않다. 이 수치는
당연히 경상이익액에 따라 바뀌는데, 기업의 자본 구성에 따라서도
바뀔 수 있다. 경상이익은 영업이익에 영업외손익을 더한 것이므로,
예를 들어 총자본 중에 차입이 많으면 지급이자가 발생하므로 이익이
압박당하게 된다. 반대로 자기자본이 충실한 기업은 차입금이 적으므
로 경상이익이 이자 지급에 압박당하지 않는다.

100억원 투자하면 110억원만큼
활동을 해야 한다

자본금 100억원으로 탄생한 회사가 순조롭게 성장하여 5년 후에는 자기자금이 50억원까지 증가했다고 하자. 그대로 경영을 지속하면 당장은 안전하다.

그러나 기업은 늘 성장을 꿈꾸며 전진하지 않으면 어느 시점에서 쇠퇴의 길을 걷게 마련이다. 그러므로 사장은 여기서 100억원을 투자하여 새로운 설비 구입을 결심할지도 모른다. 그 경우 자기자금 50억원만으로 부족하므로 은행에서 장기융자로 50억원을 빌리게 된다.

이 순간부터 이 회사의 자금 구성은 완전히 바뀌어버린다. 그러나 바뀌는 것은 그것만이 아니다. 사장의 사고방식도 경영방침도 사장부인의 일도 크게 달라진다.

먼저 50억원의 장기차입금이 발생한 시점에서 자금 흐름에 중점을 둔 경영으로 전환해야 한다. 50억원을 상환해가려면 매월 얼마간 현금이 필요하고, 그를 위해 연간 어느 정도 이익을 올려야 하는 것일까? 게다가 그만큼의 이익을 확보하려면 최저 매출이 얼마나 필요한가를 계산한다. 그러한 수치에 의거하여 5년 정도의 중기계획을 세우는 것이다.

이전과 비슷한 경영을 해서 같은 정도의 이익으로 만족해서는 이자지급조차도 곧 허덕거리게 것이다. 총자본 경상이익률 10%를 목표로

하기 위해서는 100억원을 투자했다면 110억원 분량의 영업활동을 해야 한다. 그것이 총자본 경영이익의 사고방식이다.

그런데 실제로 구체적인 상환 계획을 세우지 않고 투자만 한 채로 그냥 놔두고, 돈을 빌린 채로 상환하지 않고 내버려두는 중소기업이 적지 않다. 그런 회사는 '상환이 어려워 또 빌리기'를 반복하게 되므로 대출금이 눈덩이처럼 불어나 결국에는 기업경영이 파산해버린다.

중소기업의 경영자 중에는 장부를 살펴보거나 돈 계산하는 것을 골칫거리로 여기는 사람도 있다. 그래서 사장부인이 사장을 대신하여 결산서를 읽어내고 사장에게도 알기 쉽게 데이터로 보여주어야 한다.

때로는 사장부인이 사장의 속도를 따라가지 못하는 일이 있을지도 모른다. 그러나 사장부인이 따라가지 못할 만큼 조급한 투자에는 돈도 함께 따라가지 못하는 경우가 많다. 위험하다고 느끼면 '기다려라'고 말하는 것도 사장부인의 역할일 것이다.

매출 규모가 똑같은데 총자본 경상이익률이
하늘과 땅 차이인 이유

 그림 4장에서 소개한 A사와 B사를
예로 들어 총자본 경상이익률을 구체적으로 살펴보자.

A사의 22기 재무상태표를 보면 총자본은 110억 520만원이고, 한
편 손익계산서에서 경상이익이 10억 7230만원임을 알 수 있다.(도표
18) 따라서 총자본 경상이익률은 9.7%. '양호' 범위 내에 있으며 적
은 자본으로 커다란 이익을 창출하고 있다.

도표 18 A사의 B/S와 P/L(22기)

재무상태표(B/S)

유동자산 4,633,800 (그 중 당좌자산) 4,266,500	유동부채 1,814,900
	장기차입금 1,505,500
비유동자산 6,371,400	순자산 7,684,800
자산 합계 11,005,200	부채·자본 합계 11,005,200

손익계산서(P/L) (단위:천원)

매출원가 16,046,300	매출액 23,404,500
판매관리비 6,473,300	
영업외비용 88,700	
경상이익 1,072,300	영업외수익 276,300

가장 큰 원인은 역시 창업 이래 22년 동안 1년도 빠지지 않고 계속해서 이익을 낸 것에 있을 것이다. 그 결과 차입에 의존하지 않는 경영을 실현할 수 있었다. 비유동부채로 있는 장기차입금 15억 550만 원은 사장의 개인자산에서 차입하고 유동부채 18억 1490만원은 외상매입금 등으로 실질적으로 부채 없는 기업경영이라 할 수 있다.

　B사는 어떨까? 42기 재무상태표에서 총자본은 282억 5980만원인데 이에 비해 경상이익은 고작 6860만원이다. 총자본 경상이익률을 계산해 보면, 0.2%라는 아주 낮은 수치가 되어버렸다.(도표 19)

도표 19　B사의 B/S와 P/L(42기)

재무상태표(B/S)　　　　　손익계산서(P/L)　　(단위:천원)

재무상태표(B/S)	
유동자산 7,907,300 (그 중 당좌자산) 3,498,700	유동부채 4,825,000
	비유동부채 16,648,000
비유동자산 20,352,500	순자산 6,786,800
자산 합계 28,259,800	부채·자본 합계 28,259,800

손익계산서(P/L)	
매출원가 19,451,400	매출액 23,915,100
판매관리비 3,406,400	
영업외비용 1,321,100	
경상이익 68,600	영업외수익 332,400

B사의 매출액 239억 1510만원은 A사의 234억 450만원과 거의 같으므로 양사는 매출의 측면에서 같은 규모에 있다고 생각된다. 그럼에도 불구하고 왜 이 정도로 차이가 나는 것일까?

총자본 경상이익률을 악화시킨 원인으로 두 가지를 생각할 수 있다. 첫째, 분자인 경상이익이 적은 점, 둘째, 분모인 총자본이 지나치게 큰 점이다. B사의 경우 6860만원이라는 금액에서 보아도 경상이익이 지나치게 적은 점은 명백할 것이다.

그래서 경상이익보다 하나 전단계의 이익인 영업이익을 살펴보면, 10억 5730만원인데 의외로 여기서는 A사의 영업이익 8억 8490만원을 상회하고 있다.

· 영업이익 = 매출총이익 −(인건비 + 기타 판매관리비)

· 매출총이익 = 매출액 − 매출원가

· B사의 영업이익 = 239억 1510만원 −(194억 5140만원 + 34억 640만원) = 10억 5730만원

· A사의 영업이익 = 234억 450만원 −(160억 4630만원 + 64억 7330만원) = 8억 8490만원

그런데 B사의 경우는 무계획적인 투자와 더불어 거액의 차입 이자와 무형자산인 별장관리 영업권의 상각비가 부담이 되어 모처럼 본업인 건설부문에서 벌어들인 영업이익 대부분을 상쇄하고 있다.

그러나 원인을 알면 대책도 세우기 쉬운 법이다. 4장에서도 슬쩍

본 '돌파구'가 더욱 확실한 형태를 취하기 시작했다. 차입금 상환 이자와 별장의 관리영업권을 어떻게 잘 활용하면 B사의 경영재건이 가능해질 것이다.

먼저 차입금 상환에 관해서는 조금이라도 더 유리한 조건으로 변경할 수 있도록 상세한 데이터와 경영개선 계획을 제시하면서 끈질기게 은행과 교섭했다. 여기서 힘을 발휘한 것이 바로 사장부인이 매일 결코 어물어물 넘기지 않고 작성해온 시산표와 재무제표이다. 그 성과가 있어서 B사는 은행 설득에 성공, 2년간의 기한부로 매월 상환액을 절반으로 할 수 있게 되었다.

포인트가 되는 것은 경비 중에 대략적으로 보면 제조원가의 감가상각비가 1억 1600만원, 판매관리비의 감가상각비가 2억 5800만원, 게다가 영업외비용 중에도 별장 관리영업권의 상각비로서 5억 5100만원, 대손손실 9600만원이 계상되어 있었다.(하단 내역참조) 이를 합계한 약 10억 2400만원은 서류상은 분명히 비용이나 손실로 되지만 자금 흐름으로 보면 '있는' 돈이다.

B사의 경비 내역에서

제조원가(감가상각비)	1억 1680만원
판매관리비(감가상각비)	2억 5870만원
영업외 비용(영업권 상각비)	5억 5170만원
대손손실	9670만원
합계	**10억 2390만원**
+경상이익	6860만원
자금	**10억 9250만원**

즉 B사에는 약 10억 2400만원과 경상이익 6860만원을 합쳐서 10억9200만원 가까운 보류가 있었다. 그러므로 은행도 재건 가능하다고 판단하여 조건 변경에 응해주었을 것이다.

우리들은 앞으로 2년간이 승부처가 될 것이라 생각했다. 2년간 체제를 정비하고 별장 관리영업권을 활용한 사업을 본궤도에 올려놓을 수 있다면 B사의 경영을 바로 세울 수 있을 것이다.

과도한 총자본을
줄이는 방법

총자본 경상이익률은 분자의 경상이익 뿐만 아니라 분모인 총자본에 의해서도 바뀐다. 총자본이 과도한 회사는 아무리 경상이익을 많이 내더라도 수치가 낮아져 버린다. 그러한 경우 총자본을 줄이는 방법을 생각해야 한다.

그럼 총자본을 과대화시키는 원인으로 어떤 것이 있을까?

총자본은 재무상태표에 있는 자산의 모든 것이므로 외상매출금과 재고자산도 포함된다. 따라서 외상매출금의 회수가 정체되거나 불량재고를 안고 있으면 총자본은 점점 팽창해버린다.

외상매출금과 재고자산을 볼 때는 4장의 안전성 분석에서 배운 준수사항을 떠올리기 바란다. 하나하나의 숫자에 대해 "너는 돈이 되어 줄 수 있니?"라는 물음을 던져본다. 만일의 경우에 대비해 돈으로 바꿀 수 없는 자산이나 쓸데없는 투자, 가치 없는 자산 등이 함부로 총자본을 팽창시킬 가능성이 있다.

그 외 임원에 대한 대여금(대출금)이 장기간 남아 있을 때와 설비투자를 했는데 그 설비가 실제로 가동되지 않는 경우에도 총자본이 지나치게 커지기 쉽다.

B사의 경우 총자본 경상이익률이 낮은 요인의 첫 번째가 경상이익이 지나치게 적다는 데 있었지만 총자본의 점에서도 크게 문제가 있었다.

282억 5980만원이라는 금액은 A사의 110억 520만원의 2.5배 이상에 달해 있다. 게다가 앞에서 본 바와 같이 자기자본 비율이 24.0%밖에 안 된다. 즉 280억원을 초과하는 투자자본 중 상환이나 이자 지급이 불필요한 자금이 24%에 불과했고, 4분의 3 가까이 해당하는 76%는 차입금에 의존하고 있다.

본업에서 열심히 벌어들인 이익을 크게 압박하고 있었던 것도 이자비용을 포함한 영업외비용이었다. 여하튼 이자비용 및 할인료[1]만도 연 약 70억원에 가까웠다. 총자본이 과대화한 차입의존형 경영의 전형이라 할 수 있을 것이다.

총자본을 줄이기 위해서는 총자본의 내용을 한 번 털어내는 것이 무엇보다 먼저 해야 할 일이다. B사의 총자본 내용은 다음과 같다.(도표 20)

도표 20 B사 총자본의 내용 점검

(1) 유동자산의 내용

① 현예금　　　　　7억 8680만원

② 외상매출금　　　27억 1950만원 (전기 비교 12억원 증가)

③ 상품　　　　　　22억 1500만원 (그중 정체재고 12억 1310만원 있음)

④ 재공품　　　　　13억 5330만원

⑤ 원재료　　　　　4억 880만원 (이 중에서 불량재고가 없는지 다시 점검)

⑥ 기타 유동자산　　4억 1840만원

　(선급금, 미수금 등이 정체되어 있는 것은 없는가)

유동자산합계 79억 730만원

(2) 비유동자산의 내용

① 유형자산　　　　162억 8970만원 (그중 토지 90억7730만원)

② 무형자산　　　　20억 2340만원

　　　　　　　　　(영업권 80억원 가운데 미상각분 19억 7590만원)

③ 투자자산 및 기타 비유동자산　　20억 3940만원

　　　　　　　　　(투자유가증권 11억원은 골프 회원권)

비유동자산합계 203억 5250만원

　　유동자산으로 '외상매출금'이 전기와 비교하여 12억원이나 증가한 점이 마음에 걸린다. 확실히 회수할 수 있는지 없는지의 여부를 조사할 필요가 있다. 다음으로 '상품' 22억 1500만원을 정밀하게 조사한 결과 정체재고(골동품 도자기)가 12억 1310만원임을 알 수 있었다. 모두 팔 수 있는 가망이 있는지 없는지의 여부를 이쪽에서도 하루라도 빨리 확인해야 한다.

'원재료' 4억 880만원 중에서도 불량재고가 포함되어 있을 가능성이 있다. 게다가 '기타 유동자산'으로 계상되어 있는 4억 1840만원의 내역을 조사하고, 선급금과 미수금 중에 정체되어 있는 것은 없는지를 점검한다. 그리고 불량재고와 회수 가능성이 없는 자산은 상각 등의 방법을 고려해야 한다.

다음으로 비유동자산을 보면 토지 등의 유형자산이 162억 8970만원, 4장에서도 다룬 별장 관리영업권 등의 무형자산이 20억 2340만원, 그리고 투자자산 및 기타 비유동자산 20억 3940만원 중에는 골프회원권 11억원이 있었다. 이들 가운데 유휴자산으로 되어 있는 골프회원권 등을 매각하면 그것만으로도 총자본을 60억원 정도 삭감이 가능하다.

단, 비유동자산을 삭감할 때 주의할 점이 있다. 자금이 되는 것은 빨리 자금화하는 것도 좋겠지만, 무리하게 헐값으로 처분하는 식으로 손실이 되는 것은 이익 감소로 이어지므로 고려할 필요가 있다.

1) 이자비용 및 할인료 : 금융기관 등에 지급하는 차입금의 이자와 어음 할인료를 말한다. 또 일정한 지급 지간을 준 외상매출금 기타 채권에 관해 상대방이 지급기일 전에 대금을 지급한 경우, 빨리 지급한 기간에 따라 값을 내릴 수 있는데, 이 할인액을 할인료라 한다.

03

수익성을 분석하는 지표와
읽는 방법 ② [사례연구]
— 매출액 경상이익률 / 매출액 영업이익률 / 매출 총이익률

매출액에 대한 수익성을 살펴보는
'매출액 경상이익률'

수익을 살펴보기 위한 지표는 총자본 경상이익률만 있는 것이 아니다. 매출에 대한 이익률이 나쁠 수도 있다. '매출은 올라가고 있는데 벌이가 적은' 상태이다.

"매출액 가운데 이익으로 남는 것은 어느 정도인가?"를 살펴보는 지표로, 매출액 경상이익률, 매출액 영업이익률, 매출 총이익[1]률 등이 있다. 각각 매출액에 대한 경상이익의 비율, 영업이익의 비율, 총이익의 비율을 나타내고 있는데, 그중에서도 중요한 것이 매출액 경상이익률이다. 경상이익을 매출액으로 나누고 100을 곱하는 것으로 구할 수 있다.(도표 21)

$$\text{매출액 경상이익률} = \frac{\text{경상이익}}{\text{매출액}} \times 100$$

매출액에 대한 경상이익의 비율이므로 앞서 서술한 총자본 경상이익률과 마찬가지로 영업외 수익이 명백하게 큰 기업에서는 매출액 경상이익률도 커지며, 거액의 차입이 있어서 이자비용 때문에 이익이 압박받고 있는 기업은 그만큼 낮아진다. 일반적으로 5% 이상이 목표이며 이보다 수치가 낮은 경우는 '매출에 비해 벌이가 적다'고 생각해야 할 것이다.

문제의 B사로 돌아가 보자. 42기 손익계산서를 보면 매출액이 239억 1510만원, 경상이익이 6860만원이므로 매출액 경상이익률은 약 0.28%에 불과하다. 역시 상당히 낮은 수치가 된다.

다음으로 매출액 영업이익[2]율을 살펴보자.

영업이익은 매출 총이익에서 인건비, 판매비, 관리비 등의 경비를 뺀 것이다. 이것은 매일매일 영업활동의 성과이므로 본업의 이익으로 생각할 수 있다. '매출액 영업이익률'은 그 영업이익이 매출액에서 차지하는 비율을 나타내는 지표이며, 영업이익을 매출액으로 나누어 100을 곱한 것으로 구할 수 있다.(도표 22)

도표 22 매출액 영업이익률을 구하는 계산식

$$\text{매출액 영업이익률} = \frac{\text{영업이익}}{\text{매출액}} \times 100$$

매출액 영업이익률의 평균적인 수치는 업종이나 업태에 따라 다르지만 6% 이상이 바람직하다. 6% 이하의 경우는 인건비, 판매비, 관리비 등의 판매경비가 걸려 있어 비교적 벌이가 적음을 뜻한다.

그래서 다시 B사의 손익계산서를 살펴보니 42기 매출액은 239억 1510만원, 영업이익은 10억 5730만원이므로 약 4.4%인데 목표 6%에 달하지 않았지만 그리 나쁘지는 않았다.

상환조건 변경에 따라 향후 2년간 차입금의 부담이 절반으로 줄어든 것을 감안하면 충분히 다시 일어설 수 있는 밑바탕이 될 것이라고 생각된다.

그런데 이 매출액 영업이익률을 계산해 본 바 의외의 사실을 발견했다. B사와 비교하여 안전성 지표에서도 총자본 경상이익률에서 훌륭한 수치를 보여주었던 A사인데, 22개 매출액은 234억 450만원으로 영업이익은 8억 8490만원이다. 따라서 매출액 영업이익률은 약 3.8%로 B사에 역전을 허용한 것이다.

도대체 왜 이런 일이 벌어진 것일까?

우량기업 A사의
의외의 경영과제

 어쩌면 그 요인은 판매관리비에 있을 것이다. 매출액 영업이익률이 낮은 요인은 두 가지가 있다. 매출 총이익률이 낮은 경우와 판매관리비가 지나치게 높은 경우이다. 뒤집어 말하면 매출 총이익을 늘리던가 판매관리비를 억제할 수 있으면 개선할 가능성이 있다.

매출 총이익률에 관해서는 뒤에서 서술할 것이므로, 여기서는 판매관리비를 줄이는 방법을 생각해 보았는데, 결론부터 말하면 쓸데없는 돈을 사용하지 말라는 것이다. 즉 '절약하기'에 전력을 다해야 한다.

판매관리비에는 일반적으로 인건비, 판매비(전략비), 관리비, 설비비가 포함된다.(도표 23)

매일매일의 영업활동에 돈을 사용할 때는 그 경비가 어느 항목으로 분류되는지 등을 꼼꼼하게 생각해 본 적이 없을지도 모른다. 그래서 한 번 판매비 및 일반관리비를 모두 철저히 조사하여 밝혀내고, 과목별, 항목별로 정리해보자.

과목마다 경비를 비교하거나 예산이나 전년도 실적치와 비교하면 쓸데없는 지출을 발견하기가 쉬워신다.

도표 23 판매관리비의 내역

① 인건비
- 급여 · 임원보수
- 상여
- 법정복리비
- 복리후생비

② 판매비 (전략비) = 공격 경비
- 광고선전비
- 판매촉진비
- 지급수수료
  (소개수수료 · 판매수수료 등)
- 교제비
  (성과로 이어지는 경비 · 접대비 등)
- 기타 직접 성과로 이어지는 경비

③ 관리비 = 수비 경비
- 사무소모품비
- 비품소모품비
- 통신비
- 조세공과
- 기타 사내관리에 요하는 비용

④ 설비비
- 땅 임대
- 손실비용
- 수선비
- 감가상각
- 기타 설비에 관한 비용

경비는 크게 나누어 '공격 비용'과 '수비 비용'이 있다. 제조업으로 말하면 연구비와 개발비 등은 공격 비용으로 대표되는데, 판매비 중에서도 광고선전비, 판매촉진비, 교제비 등도 역시 공격 경비에 속한다. 필자는 이들 경비를 '파종 비용'이라 부르고 있다. 커다란 성과를 가져올지도 모르는 미래에 대한 투자이다. 따라서 다소 무리를 해서라도 확보해 두어야 할 것이다. 무계획적인 투자나 투자만 한 채로 내버려두는 방만 경영은 위험하지만 전혀 투자를 하지 않는 경영도 위험하기 그지없다.

절약해야 할 것은 수비 경비이다. 관리비 중 사무소모품비, 비품소모품비, 통신비 기타 사내관리와 관련된 비용은 가급적 줄이고 낭비를 배제해야 한다.

그런데 A사와 B사의 판매비 및 일반관리비의 비율을 살펴보면, 분명히 내용도 금액도 크게 달라졌다. 양사의 매출은 대략 같았지만 A사가 판매관리비로 64억 7330만원 들어가는데 반해, B사는 34억 640만원 들어갔다. 인건비도 판매비도 관리비도 설비비도 A사 쪽이 훨씬 많음을 알 수 있었다.

언뜻 보기에 B사 쪽이 효율성 높은 경영을 하고 있는 것처럼 보이지만, 실제로 A사의 판매관리비가 지나치게 많다고 하는 쪽이 맞을 것이다.(도표 24)

예를 들어 인건비에 주목해 보면, B사가 매출대비 7.1%로 17억 740만원인데 비해, A사는 15.7%에 해당하는 36억 6860만원이다. 인건비의 비율이 크다는 것은 그만큼 직원을 중요하게 여긴다는 증거로 생각된다. 또 미래투자를 위한 판매비도 적극적으로 대처하고 있다고 할 수 있다. 그러나 그것은 재무체질이 안정되고 자금에 여유가 있는 지금이니까 가능한 일이라고 할 수도 있다. 미래를 생각하면 같은 판매관리비라도 공격 경비에 중점을 둘 필요가 있을지도 모른다.

(단위 : 원)

계정과목		A사	매출대비	B사	매출대비
매출액		234억 450만	100%	239억 1510만	100%
매출원가		160억 4630만	68.6	194억 5140만	81.3
매출총이익		73억 5820만	31.4	44억 6370만	18.7
판매 및 관리비	인건비	36억 6860만	15.7	17억 0740만	7.1
	판매비	3억 4170만	1.4	9310만	0.4
	관리비	16억 5030만	7.1	11억 2800만	4.7
	설비비	8억 1270만	3.4	4억 7790만	2.0
합 계		64억 7330만	27.6	34억 0640만	14.2
영업이익		8억 8490만	3.8	10억 5730만	4.4

경영과제의 보물창고
매출총이익률

 매출총이익은 매출에서 매출원가
만을 뺀 이익이다. 다섯 가지 이익 중에서도 가장 크며 '매출순이익'
으로 불린다.

인건비도 판매경비비도 이자비용와 차입금의 상환도 매출총이익
의 범위 내에서 충당해야 한다. 다시 말하면 다양한 용도에 '사용되
는 돈'이기도 하다. 따라서 매출총이익의 경우는 이익률도 중요하지

만 이익액 그 자체도 대단히 중요하다.

'매출총이익률'은 그 매출총이익을 매출액으로 나누고 100을 곱한 수치이다.(도표 25) 이 지표도 업종업태에 따라 달라지므로 자기 회사의 수치가 적정한지의 여부는 업계평균이나 동종업계 타사의 수치와 비교해보면 좋을 것이다.

도표 25 매출총이익률을 구하는 계산식

$$\text{매출총이익률} = \frac{\text{매출총이익}}{\text{매출액}} \times 100$$

같은 업종이라도 직판점과 대리점에 따라 다르며, 건설업 등의 경우에 원청이냐 하도급이냐에 따라 달라진다. 일반적으로 매출총이익률(액)은 클수록 자금에 여유가 있으므로 미래를 위한 투자활동도 적극적으로 행한다.

그런데 A사와 B사는 같은 제조업으로 매출도 대략 비슷하지만 매출총이익률에서는 상당한 차이를 보인다.

A사는 매출액이 234억 450만원에 매출총이익이 73억 5820만원이므로 31.4%이고, B사는 매출액이 239억 1510만원에 매출총이익이 44억 6370만원이므로 18.7%이다. 역시 A사 쪽이 상당히 좋은 수치를 보이고 있다.

매출순이익 단계에서 10% 이상이나 차이가 나는 것은 양사가 생산하는 부가가치에 커다란 차이가 있음을 보여준다. 매출순이익은 매출액 전체에서 차지하는 비율이 크기 때문에 비율에서 1~2% 차이만으로도 금액이 상당히 달라지는 것이다.

'매출순이익을 1% 상승시키는 것의 효과'에 관해서는 3장에서도 이야기했다. 예로 든 사례처럼 재무상태가 악화되어 있던 식품관계 도매회사에서는 매출순이익률을 1% 올리는 것으로 2000만원의 이익을 내는데 성공했고 반 년만에 자금을 회복했다.

물론 지금 시대는 상품 가격을 1% 올리기가 쉽지 않다. 그러나 그 1%를 더욱 세분화하여 매입단가나 판매관리비 등을 조금씩 삭감하여 회사 전체에서 1%의 비용을 줄이는 것은 가능할 것이다. 전직원의 비용에 대한 의식이 높아지면 매출순이익률 1~2% 정도 올리는 것은 결코 어려운 일이 아니다.

B사의 경우도 다시 한 번 원점으로 돌아가 매출원가를 구성하는 재료비, 외주비, 노무비, 기타 제조경비 등의 항목을 하나하나 점검하고 낭비는 없는지, 적정한 부가가치를 창출하고 있는지를 확인해갈 필요가 있다. 잘 살펴보면 회사 내부의 항목 중에서 매출이익률의 덜미를 잡고 있는 것이 있을 것이다.

필자는 종종 회사경영을 파이프 담배에 비유한다. 흡입구가 금번기의 결산서, 그리고 뭉개뭉개 연기가 피어오르는 상태가 다음기의 결산서, 즉 1년간의 경영활동의 성과이다. 연기를 피우지 못하는 곳은 어딘가가 막혀 있다는 증거이므로 파이프 속을 점검해야 한다.

경영이 잘 되지 않을 때는 파이프 속을 점검해 보자.

· 경영자의 이념과 방침, 그리고 의사결정은 명확한가?

· 이념과 방침을 공유하는 넘버2와 간부직원은 육성하고 있는가?

· 영업직원을 포함하여 현장직원의 육성과 의식개혁에 대처하고 있는가?

· 생산성 향상을 목표로 한 직장환경이 정비되어 있는가?

· 직원의 노력이 인정되고 일할 보람이 있는 평가제도가 있는가?

· 실적관리 구조는 정비되어 있는가?

· 경영판단에 유용한 자료를 만들고 있는가?

이상의 조건이 충족되어 있다면 반드시 실적은 호전될 것이다.

---

1) 매출총이익 = 매출액 − 매출원가
2) 영업이익 = 매출총이익 − (인건비 + 기타 판매관리비)

04

수익성을 분석하는 지표와
읽는 방법 ③ — 총자본 회전율 [사례연구]

자본이 유용하게 활용되고 있는지의
여부를 보여주는 총자본 회전율

수익성의 지표로서 마지막으로 한 가지 더 소개해두어야 할 지표가 있다. 총자본 회전율이다.

'총자본 회전율' 은 사업 활동에 투입한 총자본이 어디까지 유효하게 활용되고 있는가를 살펴보는 지표이며, '1년간의 매출에서 총자본을 몇 번 정도 회수할 수 있는가' 를 나타내고 있다. 총자본은 자기자본뿐만 아니라 부채까지 포함하여 그 사업에 투자한 모든 자금을 말한다. 따라서 '그 사업에 쏟아 부은 모든 자금에서 몇 배의 매출을 얻을 수 있는가' 를 나타낸다고 생각해도 좋을 것이다.

총자본 회전율은 매출액을 총자본으로 나눈 것으로 구하고 통상 1.6회전 이상이 바람직하다고 되어 있다.(도표 26)

$$\text{총자본 회전율} = \frac{\text{매출액}}{\text{총자본}} \times 100$$

이 장에서는 수익성의 지표로서 총자본 경상이익률, 매출액 경상이익률, 매출액 영업이익률, 매출 총이익률에 관하여 이야기할 것이다. 그중에서도 중요한 것이 총자본 경상이익률이다. 그 총자본 경상이익률이 낮은 경우 생각할 수 있는 요인은 매출액 경상이익률이 낮던가, 총자본 회전율이 나쁘던가 중의 어느 하나이다.

따라서 기업이 수익력을 높이려할 때는 매출액 경상이익률 향상을 중시하여 이윤 폭의 확대를 노리던가, 그렇지 않으면 총자본 회전율 향상을 우선하여 매출을 늘리던가, 자사에 어느 전략이 유효한가를 찾아낼 필요가 있다.

이미 서술한 것처럼 매출액 경상이익률이 낮은 것은 '매출에 비해 벌이가 적음'을 뜻한다. 한편 총자본 회전율이 낮을 때는 '지나친 투자가 경영에서 활용되지 않는다'고 생각하면 된다.

또다시 A사와 B사의 경우로 생각해 보자. 총자본 경상이익률은 일반적으로 8~10%가 필요하지만, A사가 9.7%, B사는 0.2%였다. A사는 양호한 범위 내에 있었지만 B사의 수치는 매우 심각한 상황을 나타내고 있다.

그 요인을 찾아내기 위해 매출액 경상이익률을 조사해 보니, A사는

4.5%, B사는 0.28%였다. 보통 5% 이상은 필요하다고 생각하고 있으므로 B사는 여기서도 매우 심각한 상황에 있음을 알 수 있다.

마지막으로 총자본 회전율을 비교해 보자. A사의 매출액은 234억 450만원인데 총자본이 110억 520만원이므로 총자본 회전율은 2.1회로써, 즉 1년간 투자한 총자본의 2배 이상의 매출을 달성하게 된다.

한편 B사는 매출액이 239억 1510만원으로 총자본이 282억 5980만원이므로 총자본 회전율은 0.8회로 1회전도 충족하지 못하는 결과를 보여주었다.

B사는 A사의 2.5배 이상의 투자를 하면서도, A사와 대략 비슷한 매출액밖에 달성하지 못했다. 명백하게 효율이 나쁘다고 하겠다.(도표 27)

도표 27 A사와 B사의 총자본 회전율의 차이

계정과목	A사 (22기)	B사 (42기)
매출액	234억 450만원	239억 1510만원
총자본	110억 520만원	282억 5980만원
총자본 회전율	2.1회	0.8회

매출액 경상이익률과 총자본 회전율이 수익성의 두 바퀴

 여기서 다시 한번 총자본 경상이익률과 매출액 경상이익률, 총자본 회전율의 관계를 살펴보자.(도표 16 참조) 총자본 경상이익률은 총자본에 대한 경상이익의 비율을 나타내는 것이다. 또 매출액 경상이익률은 매출액에 대한 경상이익의 비율을 나타내는 것이다. 그리고 총자본 회전율은 매출이 총자본의 몇 배인가를 나타내는 것이다.

이 계산식에서 매출액 경상이익률과 총자본 회전율을 곱한 것이 총자본 경상이익률이다. 총자본 회전율과 매출액 경상이익률은 수익성을 높이기 위한 두 바퀴인 셈이다.(도표 28)

도표 28 총자본 회전율과 매출액 경상이익률은 수익성 향상의 두 바퀴

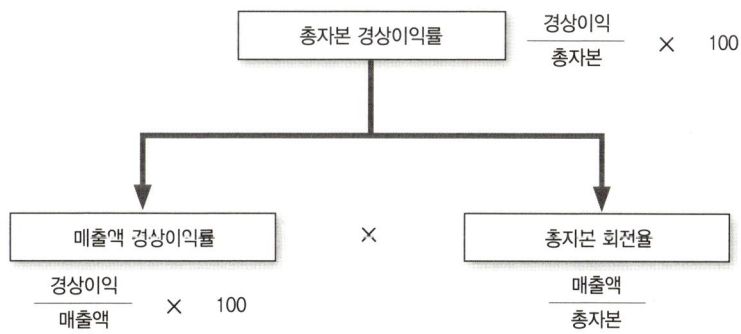

지금까지 A사와 B사의 수익성을 비교했는데, A사의 수익성은 양호하고 B사의 수익성에 문제가 있음을 알 수 있었을 것이다.

B사 전체의 매출은 약 239억 1500만원이다. 매출을 세분화하면 건축부문, 연료부문, 별장관리부분이 있다. 각 부문의 매출 비율은 건축부문 80%, 연료부문 15%, 별장관리부문 5%로 되어 있다. 또 각 부문의 매출 총이익률은 건축부분 13%, 연료부문 27%, 별장관리부문 85%였다.(도표 29)

도표 29 B사의 부문별 매출액 내역

부문명	부문별 매출액(원)	비율(%)	매출총이익(원)	매출 총이익률(%)
건축부문	191억	79.9	24억 8300만	13.0
연료부문	35억 8000만	15.0	9억 6660만	27.6
별장관리부문	11억 9000만	5.0	10억 1150만	85.0
기타	4500만	0.1	250만	5.5
합 계	239억 1500만	100	44억 6360만	18.7

필자가 착안한 것은 별장관리부문의 '매출총이익률 85%'이다.

이미 서술한 것처럼 B사에서는 별장관리의 관리영업권에 80억원이나 투자하고 있으면서 아직까지 회수할 노력을 하지 않고 있지만, 매출총이익률 85%는 매력적이다. 매출은 낮아도 이익률이 높다는 말이다. 매출에만 얽매일 것이 아니라, 이익을 중시하면 돌파구를 찾을 수 있다.

현재 B사가 관리하고 있는 별장의 세대수는 약 800호이다. B사는 이미 그들 별장에 연료(프로판가스, 경유, 땔감 등)를 납품하고 있다. B사가 있는 지역이 피서지라는 특성을 살펴보면 겨울은 매우 춥기 때문에 별장 오너들은 모두 자택으로 돌아가 버리므로 물넣기, 물빼기, 건물 수리, 청소, 순회 서비스 등 부재중 관리도 매우 중요하다. 대부분이 재료비가 들어가지 않고 비용은 인건비뿐이므로 매출순이익이 큰 작업이다. 그러한 업무를 패키지로 묶어 적극적으로 영업을 행하고 연간 계약을 늘려가면 생각지도 못한 안정수익이 되지 않을까?

업무를 더욱 확대하면 별장관리 매출에 그치는 것이 아니라 건축부문의 재건축이나 신축 주문으로 이어질 가능성도 있다. 신뢰를 쌓아가는 관리경영에 중점을 두고 이 분야에 본격적으로 대처하면 B사의 수익성은 크게 개선될 것임에 틀림이 없다.

6장

당신의 회사는
균형있게
성장하고 있는가?

수익성과 더불어 회사경영의 주축이 되는 '성장성' 분석과 쇠퇴를 방지하기 위한 대책

재무체질이 좋아도
성장하고 있다고 단정할 수 없다

기업은 '체격면' 에서나
'체질면' 에서도 건강해야 한다

'영속(永續) 기업체' 라는 말이 있다.
인간의 생명에는 한계가 있지만 기업의 생명은 영원하다는 뜻이다.
실제로 100년, 200년이나 지속하고 있는 기업이 많이 존재한다. 반
대로 '회사의 수명은 30년' 이라는 말도 있다. 이렇듯 아주 모순된 주
제에 대해 우리들은 어떻게 대응해야 좋을까?

필자는 이렇게 생각한다. 이러한 말이 뜻하는 바 가운데 한 가지가
바로 '기업은 지속적으로 성장해야 한다' 가 아닐까? 계속해서 성장
하는 회사는 영원히 존속할 수 있을지도 모른다. 그러나 도중에 성장
을 멈추어버린 회사는 아무리 우량기업이라도 모두 쇠퇴하기 시작한
다. 그리고 30년이 지나면 사라져 버릴지도 모른다.

어찌 되었건 오래 살아남기 위해 꼭 필요한 것이 건강이다. 기업도
인간도 병약하면 험난한 시대를 헤쳐 살아나갈 수 없다.

사람도 역시 체격은 크고 다부지지만 겨울이 되면 감기에 쉽게 걸리거나, 더우면 바로 여름을 타는 사람이 있다. 체격은 훌륭해도 체질적으로 약한 탓이다. 반대로 신체는 작지만 건강하고 감기에 잘 걸리지 않는 사람도 있다. 체격적으로 약간 열등해 보여도 체질적으로 강한 것이다.

이러한 특징은 기업체에도 그대로 적용된다. 기업의 경우, 예를 들어 매출이 '체격', 이익이 '체질'이다. 매출은 크지만 이익이 적은 회사도 있고 매출은 별로 크지 않지만 이익이 좋은 회사도 있다.

기업이 오래 살아남으려면 체격과 체질 모두 균형 있는 성장을 실현할 필요가 있다. 그리고 당신의 회사가 '균형 있게 성장하고 있는가'를 가르쳐주는 것이 본장에서 소개하는 성장성 분석이다.

안전성 분석에서 재무체질이 좋다고 판단되어도, 혹은 수익성 분석에서 충분한 벌이가 있음을 알 수 있어도 그 회사가 순조롭게 성장하고 있는지 여부는 알 수 없다. '영속 기업체'로서 향후 회사가 존속해 갈 수 있을지 없을지 판단하기 위해서라도 안전성, 수익성 다음으로 반드시 성장성 분석을 행해야 한다.

수익성과 성장성은 기업이 발전하기 위한 추진력이며, 자동차의 양쪽 바퀴와 같은 관계에 있다. 수익성과 성장성이 모두 양호하다면 그 회사는 아주 건강하고 재무면에서도 안정되어 있다. 반대로 만약 안전성에 문제가 있다면 수익성이나 성장성 중 어느 쪽에 해결해야 할 과제가 남아 있다고 하겠다.

성장성 분석에서 체격면의 지표로는 종업원 수, 총자본, 매출액의 변화를 살펴보고, 체질면의 지표로는 이익증가율과 자기자본 증가율의 변화 등을 살펴본다. 단, 1~2년간의 데이터만을 보고 전년도와 비교해서는 의미가 없다. 어느 지표라도 원칙적으로 3~5년 동안의 변화를 살펴보기 바란다.

'체격면 = 매출'과 '체질면 = 이익' 각각의 성장을 살펴보는 지표

 체격면의 성장성을 분석하려면, ① 인원(종업원수)의 증가율, ② 총자본의 증가율, ③ 매출액의 성장률을 살펴본다. 각각의 계산식은 다음과 같다.(도표 30)

도표 30 체격면의 성장성을 판단하는 지표

$$① \ 인원 \ 증가율 \ = \ \frac{금번기 \ 인원수}{전기 \ 인원수} \times 100$$

$$② \ 총자본 \ 증가율 \ = \ \frac{금번기 \ 총자본}{전기 \ 총자본} \times 100$$

$$③ \ 매출액 \ 성장률 \ = \ \frac{금번기 \ 매출액}{전기 \ 매출액} \times 100$$

①의 인원 증가율은 금번기 인원수를 전기 인원수로 나누고 100을 곱한 것이고, ②의 총자본 증가율은 금번기 총자본을 전기 총자본으로 나누고 100을 곱한 것이며, ③의 매출액 성장률은 금번기 매출액을 전기 매출액으로 나누고 100을 곱한 것이다.

단, 이 계산식으로는 전년과 비교하여 얼마나 증가했는지, 감소했는지만 알 수 있는 근시안적인 분석이 되어 버리므로, 아울러 장기적인 성장률도 찾아내야 한다. 과거 3~5년간 비교를 행하면 회사의 실태를 더 정확하게 파악할 수 있다. 3년간으로 비교할 때는 3년 전을 기준연도로 하고 그 수치를 100으로 한 경우의 성장률을 계산한다.

예를 들어 과거 3년간의 매출액 성장률 추이를 살펴보려면 3년 전을 기준연도로 세 가지 계산을 행하게 된다.(도표 31)

도표 31 과거 3년간의 매출액 성장률을 도출하기 위한 계산식

$$\text{전전기 매출액 성장률} = \frac{\text{전전기(2년전) 매출액}}{\text{3년전 매출액(기준연도)}} \times 100$$

$$\text{전기 매출액 성장률} = \frac{\text{전기 매출액}}{\text{3년전 매출액(기준연도)}} \times 100$$

$$\text{금번기 매출액 성장률} = \frac{\text{금번기 매출액}}{\text{3년전 매출액(기준연도)}} \times 100$$

먼저 전전기(2년 전)의 매출액 성장률을 구한다.(전전기 매출액을 3년 전의 매출액으로 나누고 100을 곱한 것) 다음으로 전기(1년 전)의 매출액 성장률을 구한다.(전기 매출액을 3년 전의 매출액으로 나누고 100을 곱한 것) 마지막으로 금번기 매출액 성장률을 구한다.(금번기 매출액을 3년 전의 매출액으로 나누고 100을 곱한 것)

그 결과 취득한 세 개의 수치를 비교하면 과거 3년간의 매출액 성장률 변천을 알 수 있다.

마찬가지로 3년간의 인원 증가율과 총자본 증가율도 구해 본다. 그리고 최종적으로 3년간의 인원 증가율, 총자본 증가율, 매출액 성장률을 비교하기 바란다.

회사가 체격면으로 순조롭게 성장하기 위한 법칙이 있다.

첫째, 인원의 증가율이 총자본 증가율보다 커서는 안 된다.

둘째, 총자본 증가율은 매출액 성장률보다 작아지면 안 된다.

이 관계를 수식으로 나타내면 다음과 같다.(도표 32)

도표 32 회사가 체격면으로 성장하기 위한 법칙

인원 증가율 ≤ 총자본 증가율 < 매출액 성장률

즉 매출액이 늘어나는 것 이상으로 직원을 증원하거나 투자를 행해서는 안 된다. 만약 매출액이 늘어나는 것 이상으로 직원을 늘리거나 투자를 행하고 있다면 어딘가에서 무리를 하고 있다는 것이다.

반대로 매출액의 성장률이 인원이나 총자본의 증가율을 상회한다는 것은 적은 인원과 적은 자본으로 커다란 매출을 달성하고 있다는 것이다. 경영이 효율적으로 행해지고 있으므로 수익성도 성장성도 늘어갈 것임에 틀림이 없다.

***

한편 체질면에서의 성장을 분석하려면 ④ 매출 총이익(매출순이익)의 증가율 ⑤ 부가가치의 증가율 ⑥ 영업이익의 증가율 ⑦ 경상이익의 증가율 ⑧ 자기자본의 증가율을 살펴본다.

기본이 되는 전년도 대비 계산식은 다음과 같다.(도표 33) 이들 계산식도 분모를 3~5년 전 기준연도로 바꾸는 것으로 3~5년간에 걸쳐 성장성을 살펴보기 위한 계산식으로 응용할 수 있다.

덧붙여서 ⑤의 '부가가치'는 상업 서비스업에서는 '매출 총이익'과 대략 같은 것으로 생각해도 지장이 없다.

참고로 부가가치 산출방법은 다음과 같다.

부가가치 = 매출액 − 외부 구입가치(재료비, 운송비, 외주가공비 등)

$$④ \text{ 매출 총이익 증가율} = \frac{\text{금번기 매출총이익}}{\text{전기 매출총이익}} \times 100$$

$$⑤ \text{ 부가가치 증가율} = \frac{\text{금번기 부가가치}}{\text{전기 부가가치}} \times 100$$

$$⑥ \text{ 영업이익 증가율} = \frac{\text{금번기 영업이익}}{\text{전기 영업이익}} \times 100$$

$$⑦ \text{ 경상이익 증가율} = \frac{\text{금번기 경상이익}}{\text{전기 경상이익}} \times 100$$

$$⑧ \text{ 자기자본 증가율} = \frac{\text{금번기 자기자본}}{\text{전기 자기자본}} \times 100$$

⑧의 '자기자본'은 순자산이라 하며, 당기 이익 중 내부보유 증가를 살펴본다. '내부보유'는 소위 '잉여금'을 말하며, 당기이익에서 배당금[1]을 뺀 것이다. 증자[2]가 있으면 그 분량의 자기자본은 증가하지만, 영업활동으로 인해 증가한 것이 아니므로 이것을 빼야 실질 증가를 볼 수 있다.

회사가 체질면으로 균형 있고 순조롭게 성장하기 위한 조건은 매출액 성장률보다 매출 총이익 증가율과 부가가치 증가율이 상회하는 것이 의미가 있다. 또 매출 총이익 증가율과 부가가치 증가율보다 영업이익 증가율이 상회하고, 영업이익 증가율보다 경상이익 증가율이 상회, 그리고 경상이익 증가율보다 자기자본 증가율이 상회하는 것이 이상적인 성장이라 할 수 있다.(도표 34)

도표 34 회사가 체질면으로 균형 있게 성장하기 위한 조건

매출액 성장률 < 매출 총이익 증가율 ≦ 부가가치 증가율
< 영업이익 증가율 ≦ 경상이익 증가율 < 자기자본 증가율

---

1) 배당금 : 회사가 이익을 올릴 경우에 출자자에게 이이이 일부를 환원하는 것이 배당이다. 배당은 주로 현금으로 행하는 경우와 주식이나 현물에 의한 경우가 있다. 현금으로 행해지는 것이 배당금이다.

2) 증자 : 회사가 새로운 주식을 발행하여 자본금을 늘리는 것. 증자로 얻은 자금은 '자기자금' 이며 회사 자체의 돈이 되므로 그 자금은 반환할 필요가 없다. 그 분량만큼 출자자의 소유물이 된다.

02

성장성을 분석하는
지표와 읽는 방법 [사례연구]

실적호전을 예감하게 하는
B사의 상황

　　　　　　　　　　　　　　지금까지 서술한 성장성의 원칙을
염두에 두고, 구체적인 사례를 토대로 성장성을 분석해 보자. 먼저 안
전성, 수익성 모두 문제가 많았던 B사의 경우 성장성에 관해서는 어
떤 결과가 나왔을까?

　39기를 기준연도로 42기까지 4년간의 추세를 토대로 분석한다. 필
자가 경영분석에 도움을 주게 된 것은 40기부터였다.(도표 35)

　먼저 체격면에 관해 살펴보면 다음과 같은 결과가 나왔다.

　① 인원증가율은 100.0%로 변화 없음

　② 총자본 증가율은 해마다 내려가 42기에는 86.9%까지 저하

　③ 매출액 성장률은 기복이 심하며 41기에는 109.5%까지 늘어났
　　　지만 42기에는 다시 102.9%로 저하

　즉 최근 4년간 인원 증가는 없었지만 매출액은 39기와 비교하여 약

간이지만 증가하고 있다.

도표 35 B사의 4기간 추세

(단위 : 원)

항목		회계연도	39기	40기	41기	42기
체격	인원 증가율	실수	13명	13명	13명	13명
		추세	100.0%	100.0%	100.0%	100.0%
	총자본 증가율	실수	325억 1530만	319억 3280만	290억 9280만	282억 5980만
		추세	100.0%	98.2%	89.5%	86.9%
	매출액 성장률	실수	232억 3630만	237억 1410만	254억 4860만	239억 1510만
		추세	100.0%	102.1%	109.5%	102.9%
체질	매출총이익 증가율	실수	51억 3170만	61억 3750만	49억 2470만	44억 6370만
		추세	100.0%	119.6%	96.0%	87.0%
	영업이익 성장률	실수	13억 550만	22억 930만	13억 1910만	10억 5730만
		추세	100.0%	169.2%	101.0%	81.0%
	경상이익 증가율	실수	1억 2960만	6억 340만	6920만	6860만
		추세	100.0%	465.6%	53.4%	52.8%
	자기자본 증가율	실수	61억 90만	66억 8170만	67억 3630만	67억 8680만
		추세	100.0%	109.5%	110.4%	111.2%

41기는 급격한 매출액의 신장을 보이고 있는데, 어떤 특수한 요인에 의해 일시적인 신장이었다고 생각된다. 이와 같이 일시적인 급증이나 급감은 자주 있는 일이기 때문에 3년 이상의 기간을 비교할 필요가 있는 것이다. 전년도 대비만으로는 일시적인 증감에 사로잡혀 올바르게 분석하지 못할 가능성이 있다.

특필할 점은 총자본이 착실해졌다. 80억원으로 구입한 별장의 관리영업권을 4년간에 걸쳐 상각해왔기 때문이지만, 덕분에 총자본이 슬림해졌다. 그만큼 총자본 증가율이 인원 증가율을 밑돌고 있었지만, 지금까지 비대화했던 점을 생각하면 체격면의 균형은 오히려 좋아졌다고 말할 수 있다.

한편 체질면에서는 다음과 같은 수치를 보였다.

④ 매출총이익 증가율도 40기에 119.6%까지 신장, 41기 96.0%, 42기 87.0%로 저하

⑤ 영업이익 증가율도 40기에 169.2%로 급격하게 신장, 그 후 101.0%와 81.0%로 저하

⑥ 경상이익 증가율도 역시 40기에 465.6%라는 극단적인 신장을 보였지만, 그 후는 53.4%와 52.8%로 급격하게 저하

⑦ 자기자본 증가율은 매년 조금씩 신장하여 42기에는 111.2%까지 상승

매출총이익 증가율, 영업이익 증가율, 경상이익 증가율 모두 40기에 크게 신장했지만, 이것은 신축 수주가 있었기 때문에 일시적인 증가에 지나지 않았다. 42를 따로 보면, 슬쩍 보아도 알 수 있듯이 매출 총이익 증가율, 영업이익 증가율, 경상이익 증가율 모두 저하하고 있다.

특히 영업이익 증가율은 보통 판매관리비가 감소하면 호전되는 것이다. 그런데 B사는 39기에 38억 2620만원이었던 판매관리비[1]가 42기에 34억 640만원까지 감소(도표 35 참조)했음에도 불구하고 영업

이익 증가율이 81.0%까지 저하했다.

게다가 경상이익 증가율에 이르러서는 영업외 비용의 이자비용과 영업권 상각이 감소하고 있음에도 불구하고 52.8%로 절반 가까이까지 떨어져 버렸다.

요인 중의 하나는 최근 4년간 매출 총이익률[2]이 22%에서 18.7%로 저하한 점에 있음(5장 및 각주 2 참조)이 분명할 것이다. 매출 총이익이 저하한 이유는 건축부문의 원가관리에 소홀했다. 매출 총이익은 영업활동에서의 원자재이며, 그 증감으로 회사경영이 얼마나 커다란 영향을 받는지 알게 되었으리라 생각한다.

결과적으로 체질면에서의 균형은 상당히 비정상적이었다. 단, 총자본과 영업외 비용의 감소에 따라 확실하게 개선의 조짐은 보이기 시작했다. 오히려 실적이 호전되기 시작하는 직전의 상황이라 할 수 있을지도 모른다.

안전성 '초우량' A사도 성장성에 문제가 있다

계속해서 A사의 성장성을 살펴보자. 19기를 기준연도로 22기까지 4년간의 추세로 분석했다. 필자가 경영개선에 도움을 주게 된 것은 21기부터이다.(도표 36)

(단위 : 원)

항목		회계연도	19기	20기	21기	22기
체격	인원 증가율	실수	25명	25명	25명	24명
		추세	100.0%	100.0%	100.0%	96.0%
	총자본 증가율	실수	127억 220만	127억 0530만	107억 6480만	110억 0520만
		추세	100.0%	100.0%	84.7%	86.6%
	매출액 성장률	실수	200억 5790만	263억 1880만	200억 9860만	234억 450만
		추세	100.0%	131.2%	100.2%	116.7%
체질	매출 총이익 증가율	실수	59억 0860만	78억 9080만	61억 8090만	73억 5810만
		추세	100.0%	133.5%	104.6%	124.5%
	영업이익 성장률	실수	2130만	16억 4230만	8550만	8억 8490만
		추세	100.0%	7.710%	401.4%	4.154%
	경상이익 증가율	실수	7억 1870만	17억 8640만	5억 3220만	10억 7230만
		추세	100.0%	248.6%	74.0%	149.2%
	자기자본 증가율	실수	57억 6880만	67억 3280만	78억 2860만	76억 8480만
		추세	100.0%	116.7%	135.7%	133.2%

B사의 경우와 마찬가지로 체격면부터 살펴보자.

① 인원증가율은 22기에 1명 줄었으므로 96.0%로 저하

② 총자본 증가율은 21기에 84.7%까지 저하하고 22기도 86.6%

③ 매출액 성장률은 20기에 131.2%로 상승했지만, 21기 100.2%
   로 저하, 22기 116.7%

먼저 눈에 띄는 것은, 20기에 매출액 성장률이 크게 늘어난 점이
다. 그러나 19기와 21기의 수치가 대략 같은 점으로 보아도 이것은

특별한 요인에 의한 일시적인 현상일 것이다. 진정한 의미에서 성장 노선으로 들어섰다고 말할 수 있는 것은 22기에 116.7%를 달성한 다음부터이다.

또한 21기에 총자본 증가율이 저하한 것은 감가상각에 의한 비유동자산의 감소와 외상매출금의 감소로 자금을 조달할 수 있고, 그에 더하여 19기부터 21기에 걸쳐 약 16억원의 잉여금 증가에 따라 타인자본인 외상값 · 장기차입금(대표자 차입금)의 상환이 이루어졌기 때문에 총자본 감소가 가능해졌기 때문이다. 그 결과 총자본 증가율이 인원증가율보다 낮아졌지만, 자금 흐름 전체로 본 균형은 상당히 개선되었다.

다음으로 체질면을 살펴보자.

④ 매출총이익 증가율은 20기에 133.5%까지 크게 상승한 후, 21기에 104.6%로 저하, 22기에 124.5%로 다시 상승

⑤ 영업이익 증가율은 20기에 7710%로 극단적으로 상승. 21기에 401.4%까지 저하, 22기에는 다시 4154%까지 상승

⑥ 경상이익 증가율은 20기에 248.6%까지 상승한 후, 21기에는 74.0%까지 저하. 22기에 다시 149.2%까지 상승

⑦ 자기자본 증가율은 22기까지 대략 순조롭게 133.2%까지 상승

역시 20기에 극단적인 변화가 있었던 점, 이것을 일시적인 현상으로 보면 매출총이익 증가율, 영업이익 증가율, 경상이익 증가율, 그리

고 자기자본 증가율 모두 신장했다. 매출뿐만 아니라 '돈을 버는 힘'
도 순조롭게 신장되고 있음을 알 수 있다.

　각각의 성장 균형을 살펴보면 영업이익 증가율보다 경상이익 증가
율이 낮아지고 있다. 이것은 기준연도인 19기 영업이익이 2130만원
으로 극단적으로 낮아진데 비해, 경상이익의 금액이 7억 1870만원으
로 높았기 때문이다. 경상이익이 높았던 이유는 보험 등을 해약하는
것으로 7억 1970만원의 영업외수익이 있었기 때문이다.

기업의 성장을
저해하는 요인

 기업의 성장 과정에는 일정한 패턴
이 있다.

　창업해서 5년 내지 10년은 '매출을 올리고 이익을 낸다' 는 이익 체
질 기반을 만드는 기간이며, 기업은 체격적으로나 체질적으로 유연한
커브를 그리며 성장한다. 이 기간을 창업기라 한다. 이 사이에 기반이
생기면 그 후 10년간은 성장기로 들어가며 커브가 급상승하는 것처
럼 점점 성장한다. 그러나 이윽고 안정기로 들어서고 성장 곡선도 보
합상태에 빠지고 쇠퇴기를 맞는다.

　'회사의 수명은 30년' 이라 하는 것은 성장하고 발전하기 위해 꾸준

히 노력을 하지 않으면 어떤 회사건 30년이면 쇠퇴기로 들어선다는 것을 의미한다.

그런데 쇠퇴기를 맞은 기업에는 몇 가지 공통점이 있다.

첫째, 경영자의 이념이 정체상태에 빠져 있다.

예를 들어 회사를 일으킬 무렵 사장이 품었던 비전이나 목적, 사회적 사명 등이 애매해진다. 동시에 그때까지의 경영전략이 시대의 필요에 대응하지 못하게 되고 사장의 마음에 혼란이 생겨나거나 경영의욕이 감퇴하기 시작한다. 실적이 악화되어도 근본적인 타개책이 떠오르지 않는다. 밑바닥부터 '아류 경영'으로 가로막혀 있을 것이다. 적극적으로 인재 육성을 하지 않고 사람을 활용한 경영으로 대처하지 못한 탓도 있을지 모른다.

둘째, 회사 전체적으로 분위기 저하이다.

사장이 경영의욕을 잃고 방침이 불명확해지면 당연히 직원의 근로의욕도 감퇴한다. 간부직원도 자기의 역할을 완수하지 않게 되고, 오래 근무한 직원일수록 구태의연한 습관에 익숙해져 있으므로 새로운 것에 도전하려는 진취적인 분위기가 사내에서 점점 사라져간다.

지금 오래도록 불황의 늪에 빠져 허덕이고 있는 중소기업이 많이 있다. 그리고 사장 자신이 '실적이 악화된 것은 모두 불황 탓이다'라고 말하는 회사는 예외 없이 침체된 공기로 가득 차 있다. 그러나 불황일수록 더 적극적으로 움직여야 하고, 조금이라도 쇠퇴의 조짐이 보이면 근본적인 대책을 내놓아야 한다.

사실을 말하면 필자가 처음 A사를 방문했을 때 느낀 공기에도 쇠퇴의 조짐이 보였다. A사는 창업 이래 20년 이상에 걸쳐 단 한 번도 적자를 내지 않았다. 착실하고 견실하게 성장해온 회사이다. 실질적으로 부채 없는 기업 경영의 초우량기업이다. 그럼에도 불구하고 역시 20년이 지나면 어딘가에서 물이 고여 썩게 마련이다. 오히려 재무상태가 지나치게 좋았기 때문에 문제점을 발견하기 어려웠고 대책도 세우기 어려웠을지도 모른다.

A사의 쇠퇴 시작을 보여주는 약간의 조짐은 매출액에 있었다. 수익성은 높고 그래서 이익은 올라 있다. 다만 매출 자체는 슬럼프에 빠져 있었다.

기업은 반드시 성장해야 한다는 것을 전제로 하면 A사는 금융기관에서의 차입도 없고 기업의 안전성도 수익성도 어느 정도 조건을 충족하고 있다고 생각되었다.

그러나 현재의 시장에서 향후 매출을 300억원대로 늘리려면 한계가 있다고 생각된다. 그렇게 되면 직원이 더 이상 풍요로워질 수 없다. 인건비는 어디까지나 매출액 100에 대해 분배되므로 매출이 신장되지 않으면 인건비도 지금보다 더 이상 올라갈 수 없기 때문이다.

실제 중소기업의 매출 규모는 100억원에서 300억원대가 많이 차지하고 있는데 300억원의 규모를 초과하려면 몇 년이 걸릴 수도 있다. A사는 300억원을 초과할 수 있는 회사라 생각되지만 그러기 위해서는 지금 하고 있는 방식을 바꾸어야 한다.

다음 30년을 향한
A사의 새로운 전략 아이템

A사 사장부인과 필자는 6년 전 지방에 있는 어느 금융기관에서 강연을 행할 때부터 인연이 있다. 강연회에 참가한 170명의 사장부인 중의 한 사람이었다. 당시부터 그녀의 마음속에 '지금 이대로 있으면 안 된다, 뭔가 하지 않으면……' 하는 위기감이 있었다고 했다. 그 후 필자가 '사장부인 혁신강좌'를 열었을 때 기초편과 실천편을 동시에 신청해서 매월 2회 한 번도 빠지지 않고 복습은 물론이고 예습까지 해 올 정도로 열성적이었다.

사장인 남편은 젊은 시절 화가 지망생이었으므로 예술가 기질이 풍부한 사람이었지만 경영 공부도 착실하게 되어 있었다.

사장과 사장부인에게는 또 하나의 커다란 고민이 있었다. 이 회사는 사장과 사장부인, 사장의 남동생이 중심이 되어 경영해 왔는데, 최근 몇 년 사이에 세 사람의 마음이 미묘하게 틀어지기 시작한 것이다. 창업 당시에는 '이 회사를 성공시키자'는 생각으로 서로 노력했는데, 20년 지나 실제로 회사가 우량기업으로 성장하게 되자 세 사람이 각각 다른 방향으로 향해 가게 된 것이다. '다시 한번 같은 방향으로 향해가고 싶다'는 것이 부부의 바람이었다.

A사의 성장이 둔화하기 시작한 이유는 지나치게 재무상태가 좋고 경영이 안정되어 있기 때문에 매출 목표를 상실한 점에 있을지도 모

른다. 분명히 현재의 A사라면 짓누르고 있는 불안도 위험도 없을 것이다. 그러나 한 번 성장이 멈춘 기업은 반드시 쇠퇴하기 시작하기 마련이다. 여력이 있는 지금 미래를 위해 손을 써야 한다.

필자는 사장의 그림을 보면서 뛰어난 재능을 느낄 수 있었다. 실제로도 이미 국내외의 몇몇 전람회에서 입상했다고 한다. 사장의 재능은 A사의 장점이며 업계에서도 차별화할 수 있을 만큼의 가치가 있다고 생각되었다.

필자는 그 재능을 적극적으로 홍보하여 새로운 비즈니스로 결부지을 수 없을까 생각했다. 그림의 재능을 비즈니스에 활용한다고 하면 비현실적인 말처럼 들릴지도 모르지만 그렇지 않다. 예술 관련 비즈니스에는 커다란 가능성이 열려 있다.

예를 들어 사장이 화가로서 성공하고 유명해지면 간판제작 주문도 늘어날 것이다. 간판뿐만 아니라 공공 장소에 설치하는 기념물이나 벽화 등의 주문에도 충분히 대응할 수 있다.

우선적으로 그런 사업 목표를 구상한 다음에 우리들은 먼저 회사 차원의 예술전시회를 개최하여 사장의 그림뿐만 아니라 직원들이 제작한 간판이나 예술작품도 지역사람들이 볼 수 있게 했다. 예상했던 것보다 훨씬 많은 고객들이 방문했고 예술전시회는 대성공을 거두었다. 그러자 진짜로 역 광장의 기념물이나 호텔 로비 벽화 등의 주문이 들어오기 시작했다.

사내의 분위기가 완전히 바뀌었다. 누구보다도 일에 대한 사장의 의욕이 달라졌다. 당연한 일이다. 그때까지 '취미'로 생각하며 휴일에도 어딘가 운신의 폭이 좁다는 느낌으로 그림을 그려왔다. 그러나 지금은 '업무의 일환'으로 당당하게 붓을 들 수 있게 되었다.

사장부인도 바뀌었다. 본래 영업 센스가 뛰어나고 총명한 여성이었는데, 이전보다 더 활기차게 활동하게 되었다. 그리고 사장의 동생은 직원의 리더로서 현장을 통솔하는 일뿐만 아니라 사장이 그린 원화를 컴퓨터 그래픽화하는 작업을 보다 더 적극적으로 대처하게 되었다.

세 개의 벡터가 다시 하나가 되어 A사는 창업 당시의 활기와 기운을 회복하게 되었다. 향후 분명히 A사는 실적이 다시 늘어날 것이다.

---

1) 판매관리비 구하는 방법(인건비 등도 포함)

영업이익 = 매출 총이익 − (인건비 + 기타 판매관리비)

판매관리비 = 매출 총이익 − 영업이익

2) 매출 총이익(매출순이익) = 매출 − 매출원가

$$매출\ 총이익률 = \frac{매출\ 총이익}{매출액} \times 100$$

B사의 39기

$$\frac{51,317}{232.363} \times 100 = 22\%$$

B사의 42기

$$\frac{44,637}{239,151} \times 100 = 18.7\%$$

7장

당신의 회사 직원은
얼마나 열심히
일하고 있는가?

회사가 창출하는 부가가치를 알 수 있는 '생산성'의
분석과 효율을 높이기 위한 대책

01

더 큰 부가가치를 창출하려면
효율이 빠져서는 안 된다

실적이 악화되고 인건비가
경영을 압박하게 된 회사

회사 경영에 종사하고 있으면 "올해는 생산성 향상을 목표로 한다."라던가 "금번기는 생산성을 10% 향상한다."와 같은 말을 자주 듣게 된다. '생산성'이란 구체적으로 무엇을 뜻하는 것일까?

생산성의 의미에 관해 이야기하기 전에, 먼저 생산성과 관련된 실제 사례를 두 가지 소개하고 싶다.

첫 번째로 C사는 대도시권에 있는 시스템 엔지니어링 회사이다. 창업 이래 28년 동안 순조롭게 발전을 지속해 왔는데 현재는 도산의 위기에 직면해 있다.

매출은 약 36억원이고 종업원 수가 52명으로 매출액 경상이익은 −3.1%이다. 재무상태표를 살펴보면 비유동부채가 71.9%로 유동부채를 더하면 실제로 모든 자본의 84.9%를 타인자본에 의존하고 있다.

이래서는 거의 이익이 남지 않는다. 왜 이렇게 되었을까?

그 원인은 인건비에 있다. 매출이 약 36억원에 비해 인건비 총액은 25억원에 달했다. 매출액에서 차지하는 인건비의 비율은 70%, 요컨대 매출의 70%가 인건비에 사용된다는 말이다.

C사의 실적이 급속하게 악화되기 시작한 것은 불과 2, 3년밖에 되지 않았다. 불황 시작과 동시에 고객 수가 격감했다. 그러나 사내의 엔지니어는 여전히 52명으로 불황 전과 달라진 것이 없다.

매출이 떨어졌는데 종업원 수가 바뀌지 않으면 당연히 인건비 부담이 늘어난다. 위기를 타개하려면 과감하게 구조조정이 필요하다. 그런 점은 사장도 알고 있었다. 그러나 '조금 지나면 경기도 호전될 텐데……' 하는 마음으로 번민하는 동안 '부족하면 또 빌리기'를 반복하여 빚이 눈덩이처럼 불어나게 되었다.

C사의 사장부인도 '사장부인 혁신강좌' 졸업생이다. 8년 전에 남편인 사장이 큰 사고를 당한 이후 그 후유증으로 지금까지처럼 적극적으로 경영을 할 수 없게 되었다. 갑자기 사장부인으로부터 상담하고 싶다는 전화가 왔다. 사장부인의 고민은 이대로 사업을 계속해야 좋을지, 아니면 회사 문을 닫는 쪽이 좋은가 하는 내용이었다. 그러나 회사를 파산시키기는 어려운 일이다. 사장의 자택과 토지 등의 개인자산이 저당 잡혀 있으므로 사장 일가족은 모든 것을 잃게 된다. 직원도 전원 해고해야 한다. C사와 관련된 모든 사람이 힘들어지는 것이다.

필자는 '회사를 파산시키는 것도 대단한 에너지를 필요로 하며, 1인당 생산성으로 보면 엔지니어를 10명 해고하면 회사를 구할 수 있다'고 판단했다. 그래서 사장부인에게 "재건하려면 마음의 각오를 단단히 할 필요가 있다."고 말했다.

그로부터 1주일 후에 "이제부터 부사장으로 회사 재건에 대처하게 되었으므로 많은 지도바랍니다."라는 내용의 메일이 왔다.

부사장은 사내에서 다음과 같은 방침을 발표했다.

"저에게는 자식이 없습니다. 내게 있어서 직원 여러분이 자식입니다. 직원을 해고하고 싶지는 않습니다. 모두 이 위기를 극복하여 직원이 행복해지는 회사를 목표로 하겠습니다."

이렇게 해서 C사는 직원을 해고하지 않고 재건에 착수하게 되었다. 그대신 매출 향상을 위한 대책과 더불어 문제가 되는 인건비를 삭감하기 위해 상여금을 없앴다. 이로써 반 년만에 약 40억원의 경상이익을 냈다. 현재 사장도 매우 기뻐했고 2년 후 사장부인이 정식으로 사장으로 취임할 예정이다.

사무관리 부문의 경비를
철저히 절약하고 있는 회사

또 하나의 사례인 D사는 중부지방에 있는 정밀기계부품 제조회사이다. 연간 매출은 5000~6000억원으로 중소기업치고 상당히 큰 규모라 할 수 있다.

그런데 이 회사는 사무실 직원이 3명밖에 없다. 처음 D사를 방문한 사람은 누구라도 사무실의 협소함과 검소함에 놀라게 될 것이다. 나도 크게 놀란 사람 중의 하나이다.

D사의 사옥은 1, 2층이 공장으로 되어 있으며 사무실은 3층에 있다. 우리들은 공장 구석에 있는 엘리베이터를 타고 3층까지 올라갔다. 안내해준 사장부인이 미안한 듯한 표정으로 "선생님, 오늘 여기서 말씀 나누어도 괜찮습니까?"하고 묻기에 필자는 "물론 괜찮습니다."라고 대답했다.

그리고 문을 연 순간 사장부인이 미안한 표정을 지은 이유를 알 수 있었다. 사무실은 12평 정도가 전부인 작은 방이었다. 사무용 책상 3개가 이마가 맞닿을 듯 바싹 붙여져 있고 구석의 조그만 공간에 오래된 응접실세트를 억지로 밀어 넣어두었다. 우리들은 그 소파에 앉아 장부 점검을 시작했다.

장부를 둘러보면서도 필자의 뇌리에는 며칠 전에 방문한 다른 회사의 사무실 모습이 아른거려 일에 집중할 수 없었다.

그곳은 상업 디자인 회사로 땅값이 최고 비싼 지역으로 플로어가 아주 넓고 멋진 사무실을 임대하고 있었다. 그런데 플로어의 3분의 1은 전기가 꺼져 있었다. 이쪽 역시 리먼 쇼크 이후 일이 급격하게 줄었으므로 적어도 경비를 절약하려 했을 것이다.

경비절감은 좋은 일이다. 그러나 전기를 끄기 전에 왜 넓은 사무실을 계속 임대하고 있는지 나로서는 이해할 수 없었다. 도대체 왜 그렇게 화려한 사무실을 빌렸을까? 상업 디자인이라는 일의 특성상 그 나름의 체재는 필요했을지 모르지만 지나친 낭비처럼 생각하지 않을 수 없었다.

그에 비해 D사의 사무실은 소박하다. 필자는 그곳에서 D사 사장의 확고한 이념을 느꼈다.

제조업이건 서비스업이건 기업에게 가장 중요한 것은 직접 돈을 벌어주는 현장이다. 관리부문과 사무부문은 돈을 사용할 뿐 스스로 벌 수 없다. 말하자면 사내의 서비스 부문에 해당한다.

그런데 현실은 어떠할까? 많은 회사들은 서비스 부문을 너무 중요하게 여기고 있다. 현장의 종업원이 냉난방도 없는 공장에서 열심히 돈을 벌고 있는데 간접부문의 직원은 쾌적한 사무실에서 느긋하게 일하고 있다. 오히려 돈을 지나치게 사용하는 것이 아닐까?

그건 이상해……. D사의 사장은 그렇게 생각했을 것이다. 관리부문과 사무부문 등의 간접부문에 걸친 경비는 최소한으로 억제하고 공장에서 일하는 직원을 소중히 대하고 있었다. '현장이 중요하다'는 말은 여기저기서 많이 들었지만 실제로 실천하고 있는 회사는 적다고 생각한다.

이러한 사고방식은 이상론처럼 생각하기 쉽지만 그렇지 않다. 돈을 벌지 않는 부문에서 철저한 경비 삭감을 추진하는 대신 돈을 버는 부문은 후하게 대우한다.

그 결과 어떤 일이 일어나는가 하면 간접부문의 직원은 자신들의 입장과 역할을 인식하고 겸허한 태도로 현장을 지원하게 된다. 한편 소중한 대우를 받는 현장의 직원들은 일할 보람을 느끼고 더욱 열심히 일하게 된다. 그 결과 회사 내의 모럴(근무 태도나 일을 대하는 자세와 같은 도덕적인 성향)은 높아지고 생산성도 향상되며 D사와 같이 실적도 신장되는 것이다.

'부가가치' 란
무엇인가?

 그럼 생산성 이야기를 시작해보자.

'생산성' 이란 사람, 물건, 돈, 정보, 시간 등의 경영자원을 투입함으로써 가치를 얼마만큼 창출하는가를 살펴보는 지표이며, 기업의 수익성과 성장 발전의 기초가 되는 것이다.

생산성은 크게 나누어 두 가지이다. 첫째, 종업원 수와 인건비를 투입함으로써 얻을 수 있는 부가가치(매출총이익)의 비율을 나타내는 '노동생산성', 둘째, 물건을 투입하여 창출한 부가가치의 비율을 나타내는 '자본생산성' 이다.(도표 37)

도표 37 노동생산성과 자본생산성

① 노동생산성 = (투입하는 것)
- 인원 ················· 1인당 부가가치 생산성
- 인건비 ············· 임금 생산성
- 근로시간 ·········· 시간 생산성
- 인원 × 근로시간 ··· 사람 · 시간 생간성

② 자본생산성 = (투입하는 것)
- 유형자산 ············· 유형자산 생산성
- 기계설비 ············· 기계설비 투자효율

매출이 급격하게 감소했음에도 불구하고 호황이던 시절과 똑같은 수의 직원을 계속해서 고용하고 있던 C사의 경우 직원 수와 인건비의 비율에서 매출과 이익이 낮아졌으므로 노동생산성이 낮아졌다.

한편 검소한 사무실과 3명의 사무직원만으로 기업의 사무작업을 모두 담당하고 있는 D사는 자본생산성이 매우 높고 3명의 사무직원은 대단히 부가가치가 높은 일을 하고 있다고 말할 수 있다.

그런데 부가가치란 무엇일까? 6장에서 성장성에 관해 설명하면서 상업 서비스업에서 부가가치는 매출총이익과 거의 같다고 했는데, 조금 더 설명하면, '부가가치' 란 원재료와 부품 등 그 기업이 외부에서 구매한 것에 자사에서 새로 덧붙인 가치를 말한다. 그 기업이 덧붙인 '매력도' 라 생각해도 좋을 것이다.(도표 38)

부가가치는 매출액에서 외부구입 가치를 뺀 것으로 구해진다. 따라서 판매업과 서비스업의 경우는 매출총이익과 같지만, 제조업의 경우 '가공액' 이라고도 한다. 가공액은 매출(생산고)에서 매입재료와 외주공임 등의 외부구입 가치를 뺀 것을 말한다.

이 부가가치를 매출고로 나누어 100을 곱한 수치를 '부가가치율' 이라 부른다. 부가가치는 기업이 발전하기 위한 원동력이 되는 이익이므로 높을수록 효율 높은 경영을 하고 있는 것이다.(도표 39)

도표 38 부가가치의 의미와 산출법

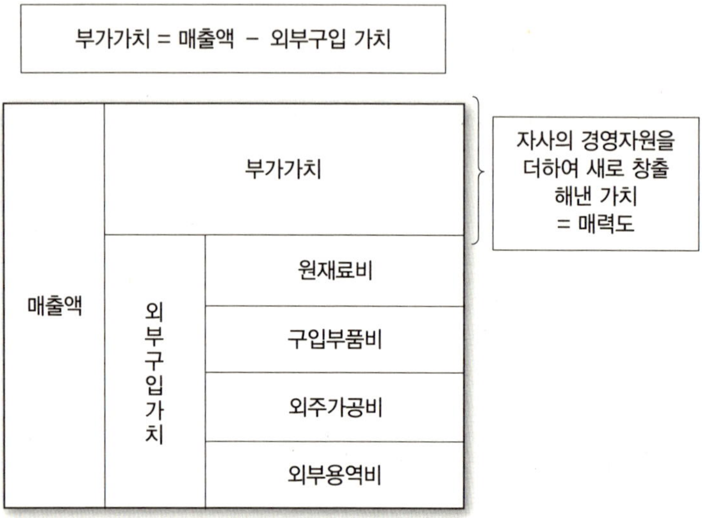

```
┌─────────────────────────────────┐
│  부가가치 = 매출액 − 외부구입 가치  │
└─────────────────────────────────┘
```

매출액	부가가치		자사의 경영자원을 더하여 새로 창출 해낸 가치 = 매력도
	외부구입가치	원재료비	
		구입부품비	
		외주가공비	
		외부용역비	

　또한 경영이익은 부가가치에서 자사의 경영자원을 뺀 것으로 구한다.(도표 40) 이 계산식에서도 알 수 있듯이 가급적 적은 경영자원으로 좀더 큰 부가가치를 창출하면 그만큼 커다란 경영이익이 남는다. 다시 말하면 자사의 경영자원을 효율적으로 활용하면 활용할수록 얻을 수 있는 경상이익도 커진다. 그것이 '비용 대 효과'의 원칙이다.(도표 41)

도표 39 부가가치율을 구하는 계산식

$$\text{부가가치율}\ (\text{매상총이익률 · 한계이익}) = \frac{\text{부가가치(매출총이익)}}{\text{매출액}} \times 100$$

도표40 부가가치와 경상이익과의 관계

$$\text{부가가치} - \text{자사의 경영자원} = \text{경상이익}$$

도표 41 자사의 경영자원을 효율적으로 활용하면 경영성과는 커진다

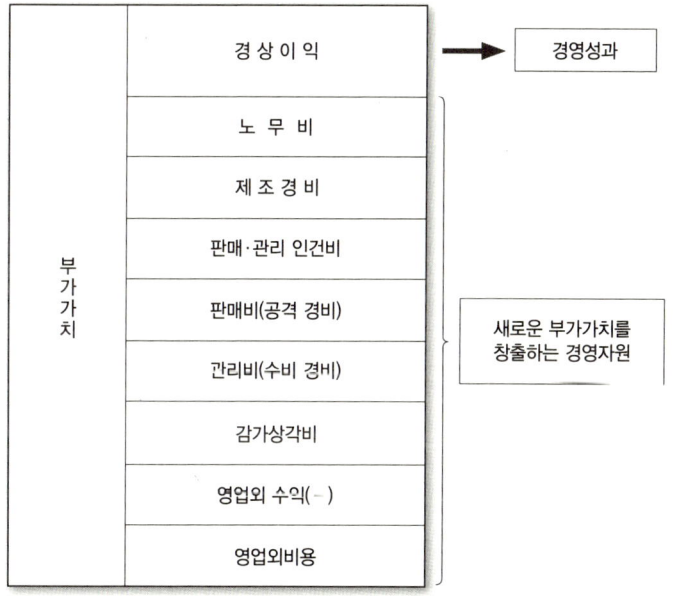

실적이 늘어나지 않는 회사와 불황을 겪고 있는 회사는 투입한 경영자원을 잘 활용하지 못한다는 점에서 생산성을 새로 분석해볼 필요가 있다. 일반적으로 경영분석에서는 성장성의 분석과 마찬가지로 생산성의 분석은 가볍게 여기는 경향이 있지만, 사실은 생산성이야말로 직원의 공헌도와 행복도를 측정하는 지표가 된다.

덧붙여서 부가가치액 중에서 인건비가 차지하는 비율을 '노동분배율'이라 한다. 노동분배율은 인건비를 부가가치로 나누어 100을 곱해서 구한다. 기준이 되는 것은 40%인데, 이 이상이면 이익을 압박하게 되므로 나빠도 50% 이하를 목표로 한다.(도표 42)

도표 42 노동분배율을 구하는 계산식

$$\text{노동분배율} = \frac{\text{인건비}}{\text{부가가치}} \times 100$$

02 생산성을 분석하는 지표와 읽는 방법 ① — 노동생산성 [사례연구]

직원의 성실도를 보는 노동생산성

'기업은 사람하기 나름'이라는 말이 있는데, 사실 기업이 수익을 내는 것도 성장발전을 이룩하는 것도 사람의 힘에 의지하는 바가 크다. 최고의 기업으로 만들겠다는 경영자의 자세는 물론이고 그곳에서 일하는 직원의 가치관과 작업관, 능력 등에 따라 기업의 레벨이 달라진다. 옛날, 어느 회사의 사장이 "아무리 직원이 힘내서 일해주어도 숫자로 보이지 않는다."는 말을 하기에 필자는 이렇게 대답했다.

"아닙니다, 모두 숫자로 나타납니다."

여기서도 그러한 관점에서 생산성에 관해 이야기하고자 한다. 직원의 성실도를 여실히 보여주는 것이 '노동생산성'이라는 지표이다. 노동생산성은 부가가치(매출총이익)를 종업원 수와 인건비, 근로시간 등으로 나눠서 구한다. 예를 들어 평균종업원 수로 나눈 것이 '1인당 노동생산성'(도표 43), 인건비로 나눈 것이 '임금 생산성', 근로시간으로 나눈 것이 '시간 생산성', 인원 × 근로시간으로 나눈 것이 '사람·시간 생산성'이다.

도표 43 1인당 노동생산성을 구하는 계산식

$$1인당\ 노동생산성\ =\ \frac{부가가치}{평균\ 종업원\ 수}\ \times\ 100$$

그중에서도 특히 중요한 것이 1인당 노동생산성이다. 이것은 문자 그대로 종업원 1인당 부가가치를 살펴보는 지표이며, 그 회사의 체질이나 직원의 작업 효율을 파악할 수 있다.

이 수치가 낮다면 벌이가 좋지 않고 '부양가족'이 많다는 것을 의미한다. 이런 회사는 모두 동맥경화를 일으켜 기동력을 잃는다.

직원의 성실도를 살펴보기 위한 지표로서 또 하나 기억해두어야 할 점은 1인당 영업이익이다. 이것은 영업이익을 평균종업원 수로 나누어 구한다.(도표 44)

도표 44 1인당 영업이익을 구하는 계산식

$$1인당\ 영업이익\ =\ \frac{영업이익}{평균\ 종업원\ 수}$$

직원이 아무리 열심히 매출을 올려도 판매비용이 지나치게 커진다면 이익이 남지 않는다고 평가할 수밖에 없다. 그런 의미에서 1인당 영업이익은 회사에 대한 직원의 공헌도를 가장 잘 나타내는 지표이다.

단, 1인당 영업이익도 직원 개인의 노력만으로 결정되지 않으며, 관리 측면의 문제와 경영정책에 영향을 미칠 수도 있으므로 그 점에서의 분석도 필요하다.

1인당 노동생산성이
의외로 낮은 A사

그럼 A사와 B사의 경우를 구체적으로 살펴보자. 양사 모두 제조업이므로 부가가치는 '한계이익'으로 보고 있다.(도표 45) '한계이익'에 관해서는 다음 장에서 상세하게 서술하고 있는데, 매출액에서 변동비를 뺀 것이며 제조업에서 손익분기점을 분석하기 위한 지표가 되는 것이다.

도표 45 A사의 생산성

(단위 : 원)

구 분	20기	21기	22기
매출액	263억 1880만	200억 9860만	234억 0450만
부가가치(한계이익)	165억 8780만	133억 7810만	147억 6180만
인건비	99억 2570만	89억 7620만	98억 8900만
영업이익	16억 4230만	8550만	8억 8490만
경상이익	17억 8640만	5억 3220만	10억 7230만
종업원 수	25명	25명	24명
1인당 매출액	10억 5280만	8억 400만	9억 7520만
1인당 노동생산성	6억 6350만	5억 3510만	6억 1510만
1인당 인건비	3억 7900만	3억 5900만	4억 1200만
1인당 인건비(임원보수 제외)	3억 7150만	3억 2070만	3억 7500만
1인당 영업이익	6570만	340만	3680만
1인당 경상이익	7150만	2130만	4470만
노동분배율	59.8%	67.1%	66.9%

A사의 1인당 노동생산성은 20기가 6억 6350만원, 21기가 5억 3510만원, 22기가 6억 1510만원이다. 8억원 이상이 목표이므로 결코 바람직한 수치라 할 수 없다.

1인당 인건비는 대략 보합상태이면서 노동분배율이 상승 경향에 있는 것도 문제이다. 안전성 분석에서 재무체질이 극히 양호하며 수익성면에서도 우수했던 A사이지만, 성장성과 생산성에 문제가 있음이 분명해졌다. 이미 성장을 멈추고 안정기에 들어서 있다. 지금까지의 전략이나 전술로는 한계를 드러내고 있었다.

이 커다란 벽을 극복하기 위해 A사는 무엇을 하면 좋을까?

먼저, 현상 속에서 이익의 덜미를 잡는 것을 방지해야 한다. 예를 들어 크레임 발생율을 낮추려면 잔업시간 단축을 목표로 하는 대처가 필요하다. 물론 1인당 시간당 부가가치를 높이는 노력도 필요하다. 그러기 위해 경영자와 경영간부가 다시 의견 통일을 꾀하고 직원의 의식개혁에 대처할 것, 또 보직의 효과적인 순환배치에 따라 직원의 잠재능력을 활용하는 것도 생각할 수 있을 것이다. 그러나 장래의 발전까지 바라볼 경우에는 근본적인 혁신이 필요하다.

본업부문에서는 직원이 열심히 하여
이익을 내고 있는 B사

        B사의 경우 1인당 노동생산성은 40기가 8억 8190만원, 41기가 7억 6830만원, 42기가 7억 4050만원 이다. A사보다 좋은 수치인데 간신히 이익을 내는 라인이 8억원 전후에서 변동하고 있고 10억원에 이르지 못하고 있다.(도표 46)

도표 46 B사의 생산성

(단위 : 원)

구 분	40기	41기	42기
매출액	237억 1410만	254억 4860만	239억 1510만
부가가치(한계이익)	114억 6510만	99억 8790만	96억 2590만
인건비	53억 7540만	54억 2730만	54억 2730만
영업이익	22억 930만	13억 1910만	10억 5730만
경상이익	6억 340만	6920만	6860만
종업원 수	13명	13명	13명
1인당 매출액	18억 2420만	19억 5760만	18억 3960만
1인당 노동생산성	8억 8190만	7억 6830만	7억 4050만
1인당 인건비	4억 1340만	4억 1750만	4억 1750만
1인당 인건비(임원보수 제외)	3억 5280만	3억 5140만	3억 6280만
1인당 영업이익	1억 6990만	1억 150만	8130만
1인당 경상이익	4640만	530만	530만
노동분배율	46.9%	54.3%	56.4%

A사와 마찬가지로 1인당 인건비가 대략 보합상태를 유지하면서 노동분배율이 상승 경향을 보이고 있고, 1인당 영업이익은 8130만원(42기)으로 되어 있다.

안전성 분석, 수익성 분석에서 상당히 심각한 결과가 나온 B사이지만, 그것은 자기자본의 3배를 투자하고 부족한 자금을 차입금으로 보충했기 때문이었다. 그 결과가 총자본 경상이익률 0.2%라는 극히 낮은 수치였다. 그러나 1인당 영업이익이 높다는 것은 소수 정예 체제로 직원이 열심히 일하고 있다는 것을 말해준다.

그럼에도 불구하고 1인당 경상이익이 41기, 42기 모두 530만원이라는 심하게 낮은 금액을 나타내고 있는 점과 역시 이자비용과 영업권 상각 등의 비용이 이익을 압박하고 있는 것은 분명히 정책상의 문제이며, 직원의 공헌이 부족한 탓은 아니다. '과거의 마이너스 청산'에 대한 부담이 얼마나 무거운지 여실히 보여주고 있지 않은가. 필자는 B사의 사장부인에게 직원들에게 감사해야 한다고 말했다.

B사에는 향후 대처해야 할 과제가 많이 있다. 예를 들면,

· '아류 경영'에서 '기본에 정통한 경영'으로 전환
· 경영 비즈니스의 명확화
· 회사 전체가 하나가 되어 목표를 실현하기 위한 중장기 계획의 작성과 사내 풍토의 구축
· 비용절감 의식의 철저 및 숙지
· 사장부인의 역할과 책임의 명확화

A사의 경우와 마찬가지로 B사에서도 아직 이익을 내지 못하고 있다고 생각되었는데, 숫자만 바라보고 있으면 아무 것도 개선할 수 없다. 숫자를 바꾸려면 의지와 행동이 필요하다. 구체적인 과제를 찾아내고 하나하나 해결해 나가지 않으면 생산성은 향상되지 않으며 기업의 체질도 바뀌지 않는다.

　또한 5장의 마지막에서 다루었듯이 B사의 업무는 크게 나누어 건축부문과 연료부문, 별장관리 부문이 있다. 현재 가장 부가가치율이 높은 것은 역시 별장관리 부문이라 생각된다. 향후 전력을 다해야 할 것이다.

03

생산성을 분석하는 지표와
읽는 방법 ② — 자본생산성 [사례연구]

설비투자의 효과를 나타내는
자본생산성

어느 건축회사 사장이 갑자기 사망하여 사장부인이 새로 사장에 취임했을 때의 이야기이다.

전 사장은 사망하기 전에 40억원이나 되는 대형 건설기계를 구입했다. 그러나 그 직후부터 공공 공사의 수주가 감소하고 게다가 수주하는 공사는 소규모뿐이었다. 그로 인해 애써 구입한 기계는 방치된 채로 놓여 있었다.

오래 전부터 재직해 오던 간부직원들은 "전 사장의 생각이 담긴 기계이므로 그대로 두고 싶다."고 말했다. 신임 사장도 그 마음은 잘 알고 있었다. 그러나 그녀는 '사장부인 혁신강좌' 수강생이었으므로 그 기계가 유휴자산으로 되어 있음을 깨달았다.

신임 사장은 고민한 끝에 그 기계를 처분해야 할지 여부를 나에게 상담했다. 필자는 이렇게 대답했다.

"값비싼 기계를 방치해놓고 사용할 날을 기다리는 것보다 소형의 사용하기 편한 기계로 바꾸어 회전율을 높여 부가가치를 창출하는 쪽을 전 사장도 기뻐하지 않을까요?"

설령 전 사장의 생각이 담겨 있다 해도 전혀 가치를 창출하지 못하는 자산을 계속 유지하는 것은 비생산적이다. 신임 사장은 결심한 다음 그 기계를 매각하여 소형 기계로 바꾸었다. 지금은 그 기계가 충분히 회전되고 있는 것 같다.

여기서 말하는 '자본 생산성'은 기계설비 등의 유형자산이 얼마만큼 부가가치를 창출하고 있는가? 요컨대 설비투자 효과를 살펴보기 위한 지표이다.

저비용, 고품질, 단기납기는 제조업에 있어서 3종의 혁신과제 같은 것이다. 대량생산, 저비용의 수요에 대응하려면 인건비가 저렴한 중국 등에서 해외생산을 한다고 해도 제조업인 이상 역시 생산성의 향상과 고품질을 위한 설비투자가 필요하다.

설비투자에는 그 목적에 따라 합리화 투자, 노동력 절약, 확장투자, 제품투자, 전략투자, 제품개발투자 등이 있다. 단, 모든 경우 부가가치를 높이는 것을 목적으로 해야 한다.

그런데 설비가 효율적으로 가동하고 있는지의 여부를 살피는 지표가 부가가치이며, 제조업에서는 한계이익, 서비스업 등의 경우 매출총이익과 같다고 말할 수 있다. 자본생산성을 볼 경우 각각의 계산식은 다음과 같다.

도표 47 제조업의 경우 자본 생산성

부가가치(한계이익) = 매출액 − 변동비(기수 재고액 + 재료매입비 + 외주비 − 기말 재고액)

$$자본생산성 (배) = \frac{부가가치}{기계설비} \times 100$$

도표 48 상업의 경우 자본 생산성

부가가치(매출총이익) = 매출액 − 매상원가 (기수 재고액+재료매입액−기말 재고액)

$$자본생산성 (배) = \frac{부가가치}{유형자산} \times 100$$

　제조업의 부가가치(한계이익)는 매출액에서 변동액(기수 재고액과 재료 매입비와 외주비를 더하고 기말 재고액을 뺀 금액)을 뺀 것이며, 자본생산성 은 부가가치를 기계설비로 나누어 구한다.(도표 47)

　한편 서비스업 같은 상업의 경우, 부가가치는 매출액에서 매출 원 가(기수 재고액에 제품 매입액을 더한 것에서 기말 재고액을 뺀 금액)를 뺀 것이 며, 자본생산성은 부가가치를 유형자산으로 나눈 것으로 구한다.(도 표 48) 이러한 계산식에서 자본생산성을 높이려면 부가가치율과 비 유동자산 회전율[1]의 향상이 필요함을 알 수 있다.(도표 49)

$$자본생산성 = \frac{부가가치}{비유동자산} = \frac{부가가치}{매출액(부가가치율)} \times \frac{매출액}{비유동자산(고정자산 회전율)}$$

A사와 B사의 자본생산성을 비교해 보면, A사는 비유동자산에 63억 7140만원을 투자하고, 그 2.32배에 해당하는 147억 6180만원의 부가가치를 창출하게 된다. 한편 B사는 비유동자산 203억 5250만원을 투자하여 0.47배, 즉 절반 이하인 96억 2590만원의 부가가치밖에 창출하지 못한다. 여기서도 역시 무계획적인 설비투자가 경영을 악화시키는 커다란 요인이 되었음을 알 수 있다.(도표 50)

도표 50 A사와 B사의 자본생산성 비교

(단위 : 원)

항목	A사	B사
	22기	42기
매출액	234억 0450만	239억 1510만
부가가치(한계이익)	147억 6180만	96억 2590만
부가가치율(한계이익률)	63.1%	40.3%
비유동자산	63억 7140만	203억 5250만
유형자산	50억 2400만	162억 8980만
자본생산성	2.32배	0.47배
비유동자산회전율	3.7배	1.2배
유형자산 회전율	4.7배	1.5배

어느 회사의 결산서를 보면 유형자산 중에서 기계설비가 2000만원 증가해 있었다. 필자는 "이 기계는 무슨 목적으로 구입했습니까?"라고 질문했다. 그러자 "새로운 분야를 수주하는데 필요해서."라는 대답이었다. "그럼 금번기는 그 분야의 매출이 얼마나 있었습니까?"라고 질문하자, "얼마 있었는지 모릅니다."는 대답이었다. 투자는 하면서도 그 성과를 관리하지 않았던 것이다. 그렇게 '투자한 채로 그냥 놓아두는' 기업이 의외로 많지 않을까?

부가가치를 창출하지 않는 설비는 마이너스 자산

이미 알고 있는 것처럼, 1990년경 버블기에는 많은 중소기업이 투자목적으로 부동산을 구입하거나 본업 이외의 비즈니스를 시작하기도 했다. 필자가 잘 알고 있는 회사 중에도 자사 사옥 외에 빌딩을 건설하고 레스토랑 경영을 시작한 곳도 있었다.

그러나 버블 붕괴와 더불어 레스토랑 경영은 파산했다. 남은 것은 1동의 빌딩과 600억원의 대출금 뿐이었다. 본업 부문의 매출이 약 200억원 정도 되는 중소기업에서 연간 21억원이라는 이자비용이 무겁게 짓누르고 있었다. 빌딩을 임대하는 것으로 연간 18억원의 임대수입이 들어오고 있었지만, 그래도 매년 3억원 가량의 적자가 났다. 이윽고 가게가 문을 닫자 임대수입도 끊어져 자금 변통이 더욱 어려워졌다.

그래도 필자는 꼭 다시 일어설 것이라 확신하고 있었다. "목숨만 살아 있으면 반드시 소생한다."는 것이 필자의 신념이다. 단, 회사가 이러한 곤경에서 벗어나 소생하려면 우선적으로 해야 할 일이 있다.

먼저 비유동자산을 철저히 밝히고 그것이 부가가치를 창출하고 있는지의 여부를 점검하고 확인해야 한다. 충분한 가치를 창출하지 못하는 비유동자산이 있는 경우, 좀더 커다란 부가가치를 창출할 방법을 검토해야 한다. 선택할 대상 중에는 유휴자산을 과감하게 매각하거나 교환하는 것도 포함될 것이다.

유휴자산의 매각은 자금변통의 개선을 가져온다. 단, 매각자금을 운용할 때는 차입금 상환을 우선해야 한다. 차입금을 감소시키는 것이야말로 총자본을 슬림하게 하고 지급이자 부담도 경감시킬 수 있다. 그 결과 경영이익이 개선되고 총자본 경상이익률과 매출액 경상이익도 개선될 것이다.

이 회사의 사장도 결국 빌딩 매각을 결심했다. 이 무렵에는 차입금도 500억원 정도로 줄어 있었지만 빌딩 매각시 평가액은 약 230억원이었다. 그중 200억원을 차입금 상환에 충당하고 나머지 30억원은 운전자금(운용자금)으로 충당, 그 자금으로 경영 재평가를 꾀했다. 그에 따라 차입금의 잔액은 300억원, 이자비용도 15억원으로 줄었다.

연간 매출 200억원의 중소기업에게 15억원 이상의 영업이익을 내기란 쉬운 일이 아니다. 그러나 사장은 필자의 충고를 진솔하게 들어주었다. 직원들도 상황을 잘 이해하고 열심히 일하면서 비용 절감에 힘썼다. 그 결과 결국 영업이익 16억원을 달성해냈다. 한편으로 사장과 사장부인이 은행과 끈질기게 교섭하여 금리 등의 조건변동에 성공하여 이자비용을 13억원까지 줄일 수 있었다.

　현재 이 회사는 이자비용 13억원을 부담하면서도 플러스 경상이익을 내고 있다. 겨우 오랜 터널의 출구가 보이기 시작했다.

　이 일화를 소개한 것은 정확한 전망을 진단하지 않은 채 설비투자를 행하는 것이 얼마나 두려운 일인지를 말해주기 위함이다. 아무런 부가가치도 창출하지 못하는 유휴자산을 끌어안고 있다면, 제아무리 본업에서 이익을 내더라도 '마이너스 자산'에 중요한 이익이 발목을 잡혀 오래도록 고통에 허덕이게 된다. 그래서 생산성 분석이 매우 중요한 것이다.

---

1) 비유동자산회전율 : 매출액을 비유동자산으로 나눈 것을 비유동자산 회전율이라 하며, 몇 회로 표현한다. 이 회전율이 나빠진 경우는 과잉설비나 유휴자산이 있다고 생각할 수 있다.

04

생산성을 분석하는 지표와
읽는 방법 ③ — 가동률 [사례연구]

사람과 물건이 주요부분을
얼마나 움직이는지 보여주는 '가동률'

노동생산성과 자본생산성을 높이려면 근로시간이 제대로 유용하게 지켜지고 있는지의 여부도 점검할 필요가 있다. 그를 위해 도움이 되는 것이 가동률 지표이다.

'가동률'은 일정기간(1일, 1주일, 1개월)에 있어서 사람, 또는 기계의 실가동시간에 대한 유효 작업시간의 비율을 나타낸 것이다. 간단하게 말하면 사람과 기계가 생산과 직접 관련된 작업을 행한 시간이 근로시간 전체에서 몇 퍼센트인가를 나타내는 수치이며 '실가동'이라고도 부른다. 여유작업시간[1]을 줄이고 주요 작업시간을 늘리기 위한 기준이 된다.

가동률을 분석하려면 먼저 실가동시간(근로시간)을 산출한다. '가동시간'이란 구속시간(근무시간)에서 정규 휴게시간을 뺀 시간을 말한다.

그러나 실가동시간에는 회의나 미팅 등에 걸리는 시간과 청소, 사

무처리, 재료 수배, 물건 이동이나 운반, 크레임이나 불량품 처리 등
과 관련된 보조시간(간접시간)도 포함된다. 그래서 실가동시간에서 그
시간을 빼고 '유효작업시간' 즉 주요 작업시간을 산출하는 것이다.

마지막으로 유효작업시간을 실가동시간으로 나누어 100을 곱한
값으로 구한 것이 가동률이다.(도표 51)

도표 51 가동률을 산출하는 계산식

① 실가동시간(취업시간)을 산출한다

   실가동시간(시간) = 구속시간(근무시간) − 정규 휴게시간

② 유효 작업시간(중요 작업시간)을 분석한다

   유효 작업시간 = 실가동시간(작업시간) − (미팅 시간 + 여유 작업시간)

$$가동률(\%) = \frac{유효\ 작업시간}{실가동시간} \times 100$$

                                                     =
(간접시간 + 실수시간)

가동률이 낮다는 것은 많은 시간이 간접시간으로 흡수된다는 것을
나타낸다. 작업시간이 긴 반면, 직접 생산과 관련된 작업을 행하는 시
간이 짧다는 이야기가 되므로 생산성이 낮은 요인이 된다. 당연히 잔
업시간도 늘어나고 인건비가 맞물려 있으므로 비용이 높아지는 원인
이 되기도 한다.

불황이 계속되자 제조업은 생산고에 주목하게 되었고 특히 가동률
에 주목했다. 1시간당 매출액이나 1시간당 부가가치 등도 재평가하

게 되었다. 잔업시간 단축에 대처하고 있는 회사도 많아지지 않을까?

그러나 잔업비용의 일부가 종업원에게 중요한 생활급여가 되고 있는 회사도 있다. 잔업비용 차단만을 중시하면 직원의 생활을 힘들게 만드는 원인이 되므로 근본적인 급여체계의 재평가가 필요할 것이다.

숫자는 입구이자 출구이다

 숫자는 사람의 의식과 행동을 바꾸지 않으면 바뀌지 않는다.

필자는 사람은 모두 행복해질 권리를 갖고 이 세상에 태어났다고 생각한다. 그러나 무엇이 행복이냐 하는 가치관은 사람에 따라 달라질 것이다. 교세라[2]의 명예회장인 이나모리 가즈오(稲盛和夫) 씨가 이런 말을 했다.

"스무 살까지 사회에 나갈 준비를 하고 그로부터 40년간 열심히 일하고 60세가 되면 죽음을 맞이할 준비를 해야 한다."

적어도 일을 하는 이상 40년간은 가치 있는 일을 하면서 더 많은 대가를 얻어야 한다는 말이다. 일과 인생은 하나라고 생각했기 때문이다. 일의 성공이 인생의 성공이며 인생의 성공은 일의 성공으로 서로 연결되고 있다.

또한 성과는 노력의 양과 비례한다. 노력을 마음, 기예, 몸으로 표현하면, '마음'은 이념과 가치관을 높이고 인격을 연마하는 것을 의미하는데 '기예'는 전문적인 지식과 기술을 습득하는 것, 그리고 '몸'은 그 두 가지 노력의 산물이라 할 수 있다.

'기업은 사람하기 나름'이라는 말처럼, 경영분석의 근간도 결국 사람에게 달려 있다. 사람이 하고자 하는 의욕을 갖고 일할 수 있는 경영환경을 실현하지 않으면 중소기업의 현실은 결코 나아지지 않는다.

---

1) 여유작업시간 : 간섭시간(새료수배, 운빈 · 청소)과 실수시간(불량품의 수정)을 합친 것. 실가동시간 중에 이 시간이 많으면 유효작업시간이 적어지고 생산성이 악화된다.

2) 교세라 : 일본 교토에 본사를 둔 전자기기, 정보기기, 태양전지, 세라믹 등 관련기기를 제조하는 대표적인 회사이다.

8장

매출을 얼마나 올려야 목표를 달성할 수 있는가?

매출 목표를 확정시키는 채산성 분석과 목표를 달성하기 위한 대책

01 채산성을 보려면
손익분기점을 그려본다

사업소별, 부문별로
채산성과 수지를 살펴라

　　　　　　　　　　　중부지방의 도시에서 고급 수산물

소매업을 경영하는 E사는 창업 이후 30여년 동안 생선가게를 하면서

지역사람들과 친목을 도모해왔다. 현재는 시내에 점포 세 곳을 열어

병원에 식자재 납품 등도 행하고 있으므로, 겉으로 보기에는 순조롭

게 경영을 하고 있는 것처럼 보일지도 모른다. 그러나 내실은 화약고

가 되어 거의 파산 상태가 되어 있었다. 이 회사의 사장부인도 '사장

부인 혁신강좌'의 수강생이다.

　실적이 기울기 시작한 계기는 신규로 점포를 낸 것이 화근이었다.

거액의 돈을 빌려 세 번째 가게를 오픈했지만 크게 적자를 내고 철수

하였다. 결국 거액의 대출금만 남았고 나머지 2 점포의 매상으로 어

떻게든 메우려 하지만 빠듯하게 이자만 갚는 정도이다.

　필자가 처음 사장과 만났을 때는 매출이 300억원, 경상이익(= 세전

이익)은 4억 5000만원이었는데 자기자본이 – 45억원이었고, 140억원의 차입금도 있었다. 사장부부는 세무사에게서 "이젠 끝내는 쪽이 낫겠다."는 말을 듣고 자택을 매각할 각오까지 하고 있다고 했다.

그러나 필자는 아직 개선의 여지가 있다고 생각했다. 분명히 E사 전체로는 채무초과로 차입금의 원금을 상환할 수 있는 상태가 아니지만, 경상이익이 4억 5000만원이고 적자가 아닌 점에서 한줄기 빛을 발견했던 것이다. 그래서 얼마나 이익을 올리면 이 회사가 존속할 수 있을지를 계산해 보았다. 필요한 이익을 연간 차입금 상환에 맞춘 경상이익으로 보면 10억원이면 지킬 수 있었다.

이 점을 사장에게 말하자 회사를 청산하지 않아도 된다는 것에 안도했는지 지금까지 어두웠던 표정도 밝아지고 웅크리고 있던 자세도 조금 등이 펴지는 것처럼 느껴졌다. 여기서 중요한 것은 "이 정도면 할 수 있다!"는 앞길이 보였다는 것이다.

많은 사장부인이 범하기 쉬운 행위가 몇 가지 있다. 경영이 어려워지면 사장을 향해 "매출이 부족하다. 어떻게 된 것이냐?" "자금이 부족하다. 어떻게 된 것이냐?"하고 사장을 더욱 추궁한다.

뒤집어 보면 사장부인이 한 치라도 긍정적인 가능성을 보이면 사장을 구할 수 있다. 그 노력만은 꼭 하기 바란다.

필자는 이 회사와 고문계약을 맺었는데 3년간 개선에 도움을 주었다. 개선의 순서는 다음과 같다.

1. 월차결산을 바르게 행한다

올바른 월차시산표가 만들어졌는지 확인해보았더니 전혀 없는 상태였다. 월차시산표를 바르게 작성하는 것은 올바른 경영판단을 위한 토대가 된다. 필자는 경리 담당자인 파트타임 여성에게 일차결산을 습관화시키고 월차시산표를 다음달 7일까지 마무리하게 하고, 결산에 관해서는 30일 결산(결산일의 다음날부터 30일 이내에 신고서를 마무리하는 것)을 목표로 지도를 했다.

2. 개혁의 중심인물을 정한다

개혁에는 중심이 될 사람이 필요하다. 필자는 후계자 육성까지 겸해서 아들을 중심인물로 정하고 그에게 현재 상태에 대해 설명해주고 10억원의 이익을 내야 한다고 전해주었다.

당시 그는 경영자의 시선이 아니라 직원의 입장에 서서 경영부진에 빠진 양친에게 비판적이었다.

그는 "왜 그렇게 이익을 내지 않으면 안 되는가?"하고 물었다. 그래서 필자는 기대되는 성과를 말했다.

(1) 앞으로 이 회사를 승계할 때 차입금은 최대한 적은 편이 좋다.

(2) 지금 채무초과가 45억원이므로 매년 10억원의 이익을 내면 5년이면 해소할 수 있다.

(3) 세무상의 이월결손[1]이 있으므로 45억원의 이익을 내도 세금은 내지 않으므로 자금이 남는다.

(4) 아직 양친도 힘껏 일할 수 있는 연령이므로 함께 열심히 일하면 회사를 청산하지 않아도 된다. 오히려 회사를 위기에서 구할 수 있고 차입금도 상환할 수 있다. 직원도 행복하게 해줄 수 있다.

그는 필자의 이야기를 듣고 상황에 대해 납득하고 새로운 각오를 다지는 것 같았다. "차입금도 정확하게 갚고 일하는 직원들도 행복해지기를 바란다. 나의 꿈도 있으므로 열심히 하겠다."고 말했다.

3. 개선의 계기를 파악한다

10억원의 이익을 내기 위해서는 그에 대응하는 매출이 필요하다. 현 상황에서의 매출 이익이 4억 5000만원이므로 부족한 이익은 5억 5000만원이다.

어느 부분과 사업소가 이익을 내고 있으며, 어느 부문이 채산이 맞지 않는지를 분석하면 새로운 가능성을 찾아낼 수 있다. E사의 경우 A점포와 B점포, 초밥부의 세 부문관리를 행하게 되었다.

초기의 목표이익의
설정

회사경영에서 특히 신규 사업을 시작하거나 새로운 시장개척에 도전할 때 '초기의 목표이익'을 설정하는 것이 원칙이다. 손익분기점 즉 '얼마나 이익을 내야 흑자가 되는지'를 계산하고 최저라도 그만큼 이익이 올라갈 만한 경영을 실천해야 한다. 그것이 기본적인 '채산성'의 사고방식이다.

단, 본래 적자를 내는 회사가 신규 사업을 시작할 때는 목표이익 이전에 최소한 경비를 지불할 수 있을 만큼의 매출을 올릴 필요가 있다.

종종 본업의 적자를 보충하기 위해 신규 사업을 시작하려는 회사도 있는데 이것은 아주 위험하다. 새로운 사업에서 갑자기 이익을 내는 일은 거의 기대할 수 없다. 본궤도에 오를 때까지는 본업의 이익으로 신규 사업의 적자를 보충한다는 각오가 필요하다. 본업이 적자를 내고 있다는 말은 대체로 회사에 그만큼 여유가 없다는 점에서 신규 사업도 실패하여 함께 도산할 위험성이 높다. 먼저 본업을 흑자화한 후에 다음 사업을 생각해야 할 것이다.

E사와 같은 수산소매업의 경우에도 목표이익을 달성하기 위해서 새로운 점포를 내자는 전략도 있었지만 새 점포를 내려면 자금이 필요하다. 다시 실패하면 또 수십억원의 차입금만 짊어질 우려도 있다.

우리는 기존 점포에서 매출상승을 도모하는 편이 훨씬 낫다고 판단했다. 그리고 적어도 6억원의 이익을 올리기 위해 어떻게 신규 매출을 만들어낼지 의논하던 중, 후계자인 아들이 멋진 아이디어를 내놓았다. 그는 '앞으로 생선가게에서 초밥을 팔고 싶다' 고 생각하고 있었고, 실제로 일하는 짬짬이 초밥 만드는 법을 배우고 있었다.

가게 앞에서 초밥 판매로 매일 500만원의 매출을 올리면 25일간 1억 2500만원이 된다. 가령 매출총이익이 50%라면 매월 매출총이익 6250만원이므로 연간 7억 5000만원으로 계산할 수 있다.

이 계획은 훌륭하게 적중했다. 계획한대로 그해 경상이익은 약 12억원에 달했다. 다음해 이후 초밥 부문은 점포 앞 가두판매 뿐만 아니라 기업의 회의용 도시락이나 배달주문까지 전개되었고, 다시 그것이 생선 택배로도 연결되었다.

그후 어느 슈퍼마켓이 오픈했는데 세 번째 가게를 그 안에 오픈했다. 중규모의 슈퍼마켓으로 가게 면적이 상당했다. 필자는 플로어 한쪽 구석에 있는 조리장에 주목했다. 그때까지 가게에서 사용하고 있던 것은 냉장고와 싱크대뿐인데 세 번째 가게는 그 외 조리대와 가스대도 갖추고 있었다. 이 조리장을 사용하면 2차 가공품이나 3차 가공품도 판매할 수 있지 않을까?

필자는 사장부인과 자주 이야기를 나누며, 먼저 초밥요리사를 고용하여 테이크아웃용 초밥을 팔기로 했다. 그러자 어떻게 되었을까? 처음 가게에 내놓은 그날부터 연일 매진되는 대성황을 이루었다.

앞으로 생선조림이나 생선구이로 확대해갈 예정이지만, 이 가게는 흑자로 전환할 것임에 틀림이 없다. E사 전체의 영업이익도 크게 개선되어 차입금 조기 상환 가능성도 세웠다.

신상품 개발이냐, 새로운 시장의 개척이냐?

기업의 실적 상승 전략에 관해 이야기할 때 필자가 언제나 사용하는 그림이 있다. 네 가지 전략이 있음을 나타낸 매트릭스 도표이다.(도표 52)

도표 52 기업의 전략 매트릭스 도표

구 분	기존고객 · 기존시장	새로운 고객 · 새로운 시장
기존 상품 기존 서비스	시장강화책 ①	새로운 시장개척책 ③
신상품 새로운 서비스	신상품 개발책 ②	신규사업 ④

① 기존의 고객 · 기존 시장을 대상으로 현재의 상품이나 현재 서비스로 매출을 늘리는 방법

② 기존의 고객 · 기존의 시장을 대상으로 새로운 상품이나 새로운

서비스로 매출을 늘리는 방법

③ 새로운 고객·새로운 시장을 대상으로 현재의 상품이나 현재의 서비스로 매출을 늘리는 방법

④ 새로운 고객·새로운 시장을 대상으로 신상품이나 새로운 서비스로 매출을 늘리는 방법

①은 시장강화책, ②는 신상품 개발책, ③이 새로운 시장개척책이다. 모두 긍정적인 공격 전략이다. ④는 신상품을 개발하고 동시에 새로운 시장을 개척하려는 것이므로 더 공격적인 전략(신규사업)이라 할 수 있다.

그러나 어떤 기업이건 기본이 되는 전략은 ①이다. 기존시장에서 기존 상품을 팔아도 분명히 매출상승은 그다지 기대할 수 없다고 생각할지 모르지만 그렇지 않다. 영업 방법을 세밀하게 나누어 재평가하고 어이없이 날려버리는 일이 없게 하는 것이야말로 가장 견실하고 가장 효율적으로 향상시킬 수 있는 방법이다.

신상품 개발과 새로운 시장 개척 등 새로운 도전을 생각하고 있는 경우라도, 먼저 ①의 부분을 향상하고 충분한 여력이 생길 때 진출하는 쪽이 안전하다.

손익분기점
구하는 방법

 그럼 신규사업을 시작할 때 행해야 하는 채산성 분석에 관해 이야기를 나누어 보자.

채산성 분석에서는 먼저 손익분기점을 산출한다. '손익분기점'이 란 수익과 비용이 비슷비슷해지는 매출액이다. 경비를 수익(매출액)으 로 회수한 다음 거기서 플러스가 나오면 흑자, 마이너스의 경우는 적 자가 되는데, 그 갈림길이 되는 과부족 제로 매출액이 '손익분기점 매출액'이다.

손익분기점을 구하는 방식을 순서에 따라 하나하나 설명해보자.

(순서 1) 판매관리비를 고정비와 변동비로 분해한다.
(순서 2) 제조비용을 고정비와 변동비로 분해한다.

먼저 모든 비용을 고정비와 변동비로 나눈다. '고정비'란 매출액의 변동과 관계없이 매월 고정적으로 나가는 경비를 말하며, 임대비나 임차료, 보험료, 사무원 급료, 복리후생비, 임원보수 등이 있다. 한편 '변동비'는 매출액에 따라 변동하는 경비를 말하며 재료비와 매입부 품, 외주공임 등이 있다.

시험 삼아 당신 회사의 총비용을 판매관리비(순서1), 제조비(순서2) 의 순서로 고정비와 변동비로 나눠보자.(도표 53)

도표 53 경비를 고정비와 변동비로 나눈다

《순서1》 판매관리비를 고정비와 변동비로 나눈다

(단위 : 원)

계정과목			총경비	고정비	변동비	적요
판매관리비	판매비	판매원 급여				
		광고선전비				
		판매촉진비				
		지급 수수료				
		접대 교제비				
		보관료				
		포장운임				
		대손손실				
	일반관리비	임원보수				
		사무원 급여				
		복리후생비				
		퇴직급여충당금				
		수선비				
		사무소모품비				
		교통비				
		통신비				
		임대비				
		조세공과				
		보험료				
		감가상각비				
		지급이자				
		잡비				

《순서2》 제조비용을 고정비와 변동비로 나눈다

(단위 : 원)

계정과목			총경비	고정비	변동비	적요
간접비	재료	재료비				
		매입부품비				
		직접노무비				
	특별비	외주공임				
		금형비				
		설계비				
	재료비	보조재료비				
		소모기구비				
		소모비품				
		간접노무비				
		복리후생비				
	간접비용	감가상각비				
		임차료				
		보험료				
		수선비				
		전력비				
		가스·수도비				
		시험연구비				
		잡비				

① 현재 사용하고 있는 계정과목을 검토하고 고정비와 변동비로 나눈다.

② 노무비 등 고정급은 고정비, 잔업수당 · 성과급은 변동비.

③ 수도광열비, 동력비 등의 기본료는 고정비, 기타는 변동비.

④ 복리후생비 등의 부가급부는 급료임금과 같은 비율로 고정비와 변동비로 배분하는 경우도 있다.

⑤ 잡비 등은 2분의 1씩 고정비와 변동비로 배분해도 좋다.

⑥ 그 이외에 고정비와 변동비로 나누기 어려운 것은 고정비에 가까운 것은 고정비, 변동비에 가까운 것은 변동비가 된다.

⑦ 기본적으로는 직접재료비 · 매입부품 · 외주공임 · 간접재료비 · 기타 직접비용 등을 변동비로 하고 있는데, 자사 관리를 위해 독자적인 방법도 괜찮다.

판매원 급여, 광고선전비, 판매촉진비, 교통비, 통신비, 광열비와 같이 어느 쪽으로도 정하기 어려운 경비도 있지만, 실제로 계정과목의 명칭도 분류의 기준도 회사의 방침에 따라 달라지므로, 결산 등에 사용하고 있는 계정과목에 맞추기 바란다.

일반적인 기준으로 말하면 '노무비' 등의 고정급은 고정비이지만, '잔업수당'이나 '성과급 급여'는 변동비가 된다. '수도광열비'나 '동력비'도 기본요금은 고정비인데 그 외는 변동비이다.

'복리후생비' 등의 부가급부[2]는 급여임금과 같은 비율로 고정비와 변동비로 배분할 수 있다. '잡비' 등은 고정비와 변동비에 2분의 1씩 나누어도 좋을 것이다. 직접재료비와 매입부품, 외주공임, 간접재료비, 기타 직접경비 등은 기본적으로 변동비로 생각할 수 있는데, 사장과 사장부인의 사고방식에 따라 고정비에 가까운 것은 고정비, 변동비에 가까운 것은 변동비로 간주해도 상관없다.

(순서 3) 변동비율을 구한다.

고정비와 변동비의 분해가 끝나면 변동비의 총액을 계산하고 '변동비율'을 구한다. 변동비율은 변동비를 매출액으로 나누고 100을 곱해서 구한다.(도표 54)

(순서 4) 한계이익률을 구한다.

한계이익에 관해서는 7장에서도 간단히 언급했는데, 여기서 다시 한 번 확인해두기 바란다. '한계이익'은 매출액에서 변동비를 뺀 금액이다. 따라서 변동비율이 작을수록 한계이익은 커지게 된다.

한편 견해를 바꾸면 한계이익은 고정비와 이익을 더한 금액이기도 하다.(아래 그림 참조) 수지가 엇비슷하다라는 것은 경상이익 제로이므로 '한계이익 = 고정비' 상태가 된다.

'한계이익률'은 한계이익이 매출액에서 차지하는 비율을 나타낸 지표이며, 한계이익을 매출액으로 나누고 100을 곱해서 구한다. 혹은 변동비를 매출액으로 나눈 금액을 1에서 빼고 100을 곱해서 구한다.

(순서 5) 손익분기점 매출액을 구한다.

고정비를 한계이익으로 나눔으로써 구하는 것이 '손익분기점 매출액', 즉 '그 이상이면 흑자 그 이하면 적자'가 되는 갈림길에 있는 매출액이다. 경비를 분해에서 시작하는 일련의 작업 목적이 여기서 겨우 달성되게 된다.

손익분기점 매출액은 '수지가 엇비슷한 매출액'이므로 당연히 낮을수록 적고, 적어도 현재의 매출액(또는 목표)보다 낮아야 한다. 현재의 매출액보다 높은 경우는 이미 적자에 빠져 있음을 나타낸다.

(순서 6) 경영안전율을 구한다.

손익분기점 매출액과 현재(또는 목표) 매출액을 비교한 수치가 '경영안전율'이다. 회사의 재무상태에 얼마나 여유가 있는지를 보여주는 지표로, 손익분기점 매출액을 현재(또는 목표) 매출액으로 나누어 100을 곱해서 구한다.

현재의 매출액이 손익분기점 매출액과 거의 일치할 경우 경영안전율은 100%가 된다. 이 수치는 낮을수록 회사의 재무상태에 여유가 있음을 나타낸다. 예를 들어 90%라면 매출이 10% 감소해도 '수지가 엇비슷'하므로 적자는 아니다. 기준으로 90% 이하로 억제하기 바란다.

도표 54 손익분기점 매출액을 도출하고 경영분석에 활용하는 순서

《순서3》 변동비율을 구한다

$$\text{변동비율} = \frac{\text{변동비}}{\text{매출액}} \times 100$$

《순서4》 한계이익률을 구한다

한계이익 = 매출액 − 변동비 = 고정비 + 이익

$$\text{한계이익률} = \frac{\text{한계이익}}{\text{매출액}} \times 100$$

$$\text{또는} = (1 - \frac{\text{변동비}}{\text{매출액}}) \times 100$$

《순서5》 손익분기점 매출액을 구한다

$$\text{손익분기점 매출액} = \frac{\text{고정비}}{\text{한계이익률}}$$

《순서6》 경영안전율을 구한다

$$\text{경영안전율} = \frac{\text{손익분기점 매출액}}{\text{현재 매출액}}$$

손익분기점 매출액 〈 현재의 매출액

손익분기점 매출액과 현재(또는 목표) 매출액과의 비교를 경영 안전율이라 하고, 100%에서 경영 안전율을 빼고 그 차액이 클수록 여유가 있다고 할 수 있다.

《순서7》 전년도와 비교를 해 본다

손익분기점 매출액 − 전년도 손익분기점 매출액 = 차이

경영안전율 − 전년도의 경영안전율 = 차이

(순서 7) 전년도와 비교해 본다.

손익분기점 매출액과 경영안전율을 전년도와 비교하여 경영개선이 순조롭게 진행되고 있는지의 여부를 조사한다.

이익과 매출액과 비용의 관계를 이해한다

지금까지 서술한 것처럼 손익분기점 분석은 이익과 매출액과 비용의 관계를 아는데 매우 중요하다. 손익분기점을 알면 경영상의 문제점과 개선해야 할 점이 보인다. 사업소나 부문마다 손익분기점을 분석하면 어느 사업소의 채산성이 훌륭한지, 어느 부문의 채산성이 나쁜지도 알 수 있다.

또한 신규사업 등의 계획입안에서는 목표이익을 달성하려면 어느 정도의 매출을 올려야 하는지를 알 수 있다.

손익분기점 분석에 이용되는 그래프가 '손익분기점 도표' 이다. 이 그래프를 사용하면 이익과 매출액과 비용의 관계가 일목요연해지므로 여기서 간단하게 설명하기로 한다.(도표 55)

(A) 는 손익분기점 매출액의 기본도이다. 이 이상 고정비가 증가하거나 변동비율이 높아지면 손익분기점 매출의 위치가 높아지고 이익 압박을 당한다. 목표이익을 달성하려면 매출을 높이던가 변동비율을

도표 55 이익과 매출과 비용의 관계를 일목요연하게 알수 있는 손익분기점 도표

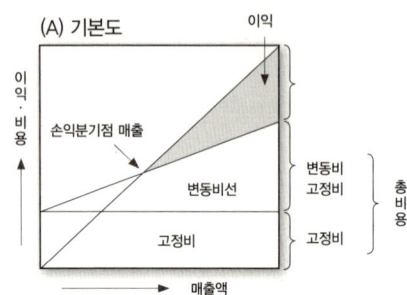

(A) 기본도

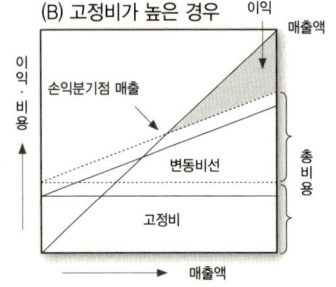

(B) 고정비가 높은 경우

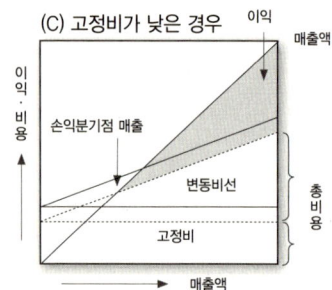

(C) 고정비가 낮은 경우

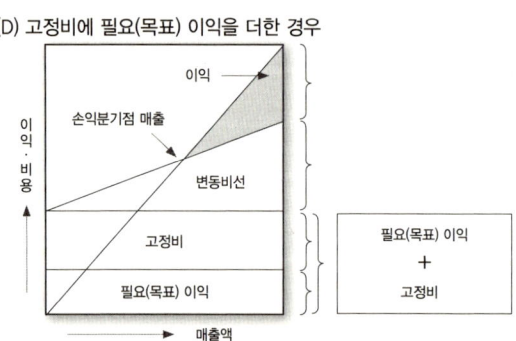

(D) 고정비에 필요(목표) 이익을 더한 경우

낮추고 한계이익률을 높여야 한다.

(B) 를 보면 (A)와 동일하지만, 고정비가 증가하기 때문에 이익이 압박당한다. 원인을 규명하고 쓸데없는 경비를 삭감해야 한다.

(C) 에서도 변동비율은 (A)와 같지만, (B)와 반대로 고정비가 감소하고 그만큼 손익분기점이 내려가 이익이 증가하고 있다. 실적이 좋아지는 것을 보여주는 그래프이다. 이 상태를 더욱 개선하려면 먼저 변동비율을 높이지 않아야 한다. 그리고 적극적인 판매활동에 따라 더욱 성장을 지향하는 긍정적인 자세가 필요하다. 구체적인 전략을 세우고 강력한 영업부서를 만들어야 할 것이다.

(D) 는 역시 변동비율은 같지만, 고정비에 필요(목표) 이익을 더한 경우의 손익분기점을 나타내는 도표이다. 회계적으로 '이익 제로' 상태가 손익분기점 매출이지만, 회사는 이익을 높이는 것을 목표로 해야 한다. 따라서 경영적으로는 고정비에 필요(목표) 이익을 포함한 이익분기점을 기준으로 매출 관리를 행할 필요가 있다.

---

1) 이월결손 : 기업이 세무상의 결손금을 낸 경우, 그 결손금을 5년에 걸쳐 이월할 수 있는 제도이다. 전년도가 4500만원의 결손금, 금년도는 3000만원의 소득을 낸 경우, 금년도의 3000만원은 결손금으로 상쇄할 수 있으므로 세금은 제로가 된다. 게다가 상쇄하지 못한 1500만원은 다음해 이후로 이월된다.

2) 부가급부 : 종업원에 대해 회사가 제공하는 급료 이외의 급부 · 서비스를 말한다. 복리후생에 관한 것이 많고 사회보험료의 상승 지급, 사택의 제공, 식사대 보조, 저리대부 등. 대기업일수록 충실한 경향이 있다.

채산성을 분석하는 지표와 읽는 방법 [사례연구]

A사와 B사의 손익분기점을 비교해 본다

다시 A사와 B사를 예로 들어 손익분기점을 분석해 보자. A사의 22기를 결산서를 토대로 비용을 분석하니 고정비가 136억 8950만원, 변동비가 86억 4270만원이 되었다. 매출액은 234억 450만원이므로 한계이익은 147억 6180만원이 된다.(도표 56)

이것을 매출액 234억 450만원으로 나누어 100을 곱해 얻은 한계이익률은 약 63.1%, 매우 높은 숫자이며, A사가 부가가치가 높은 일을 하고 있음을 알 수 있다.

다음으로 고정비 136억 8950만원을 한계이익률 63.1%로 나누면 손익분기점 매출액은 216억 9490만원이다. 이것을 매출액 234억 450만원으로 나누고 100을 곱해서 구한 경영안전율은 약 92.7%이다.

(단위 : 원)

매출액   234억 450만

비용분해   변동비 86억 4270만

                  고정비 136억 8950만

한계이익 = 234억 450만 - 86억 4270만

            = 147억 6180만

한계이익률 = $\dfrac{147억 6180만}{234억 450만}$ × 100 ≒ 63.1%

손익분기점 매출액 = 136억 8950만 ÷ 63.1% = 216억 9490만

경영안전율 = $\dfrac{216억 9490만}{234억 450만}$ × 100 ≒ 92.7%

　

손익분기점 매출액까지 7.3%의 여유가 있게 된다. 다시 말하면 매출이 7.3% 떨어져도 아직 이익은 내고 있다.

B사는 어떨까?(도표 57) 먼저 B사의 42기 결산서에서 경비를 분석한 결과, 고정비가 95억 5550만원, 변동비는 142억 8920만원이 되었다. 매출액 239억 1510만원부터 변동비 142억 8920만원을 빼면 96억 2590만원인데 이것이 B사의 한계이익이다.

따라서 한계이익률은 96억 2590만원을 매출액 239억 1510만원으로 나누고 100을 곱한 것이므로 약 40.2%가 된다. A사와 비교하면 20% 이상 낮은 수치가 되어버렸다.

(단위 : 원)

매출액   239억 1510만

비용분해   142억 8920만

           고정비   95억 5550만

한계이익 = 239억 1510만 − 142억 8920만

          = 96억 2590만

$$한계이익률 \;=\; \frac{96억 \ 2590만}{239억 \ 1510만} \times 100 \;≒\; 40.2\%$$

손익분기점 매출액 = 95억 5550만 ÷ 40.2% = 237억 6990만

$$경영안전율 \;=\; \frac{237억 \ 6990만}{239억 \ 1510만} \times 100 \;≒\; 99.4\%$$

    손익분기점 매출액은 고정비 95억 5550만원을 한계이익률의 40.2%로 나눈 237억 6990만원이며, 그리고 마지막으로 손익분기점 매출액 237억 6990만원을 매출액 239억 1510만원으로 나누어 100을 곱해 경영안전율을 구한다. 여기서 얻을 수 있는 수치는 99.4%이므로 매출액이 손익분기점에 빠듯하다는 점에서 거의 이익은 없다.

    A사와 B사의 매출 규모는 거의 동일하지만 A사의 한계이익률 63.1%에 대해 B사의 한계이익률은 40.2%이다. 또한 A사 쪽이 고정비가 높음에도 불구하고 손익분기점 매출액은 A사가 216억 9490만원, B사가 237억 6990만원이며, A사 쪽이 낮아져 있다. B사와 비교

하여 낮은 매출에서도 수지가 엇비슷 혹은 이익을 얻고 있다.

마지막으로 경영안전율을 비교하면 A사의 92.7%에 비해 B사는 99.4%이므로 A사는 매출이 7.3% 감소해도 적자는 안 되지만, B사에는 0.6%의 여유밖에 없다. 매출이 조금이라도 감소하면 바로 적자로 전락함을 보여주고 있다.

포인트는 역시 한계이익률의 차이일 것이다. 제조업의 경우 부가가치 = 한계이익이라 말하는데, A사의 한계이익률이 B사의 한계이익률을 20% 이상 상회하고 있는 점은, A사가 그만큼 부가가치가 높은 일을 하고 있음을 나타내고 있다.

손익분기점을 응용한 채산성 분석의 사례 연구

 본장에서는 채산성 분석에 관해 이야기했는데, 대략 채산성 분석의 목적은 필요로 하는 이익을 올리려면 매출을 얼마나 달성하면 좋은가 하는 목표설정에 있다.

그러나 비즈니스는 살아서 움직이는 생물과 같으므로 이익도 경비도 매출액도 시시각각으로 변화한다. 한번 매출목표를 설정하면 그것으로 끝나는 것이 아니다.

여기서는 손익분기점 분석의 응용문제로 A사와 B사를 예로 들면서 어떤 조건이 변화한 경우, 이익과 경비와 매출액의 관계가 어떻게 변해가는지 함께 분석해 보고자 한다.

① 매출액이 증감하면 이익은 어떻게 바뀌는가?

고정비도 한계이익률도 변하지 않고 매출이 10억원 증가한 경우, A사와 B사의 이익은 어떻게 바뀔까?(도표 58)

먼저 A사의 경우인데, 10억원을 플러스한 매출액은 244억 450만원이 된다. 따라서 그 경우의 이익은 (새로운 매출액 244억 450만원 × 한계이익률 63.1%)에서 고정비 136억 8950만원을 뺀 17억 970만원이 된다. 현재의 이익이 10억 7230만원이므로 6억원 이상 향상되게 된다.(도표 59)

B사의 경우는 10억원을 플러스한 매출액은 249억 1510만원인데 여기에 한계이익률 40.2%를 곱하고 고정비 95억 5550만원을 빼면 4억 6040만원이 된다. 현재의 이익은 6850만원이므로 약 4억원 향상된다.

도표 58

매출액이 증감했을 때의 이익을 구하는 계산식 [사례1]

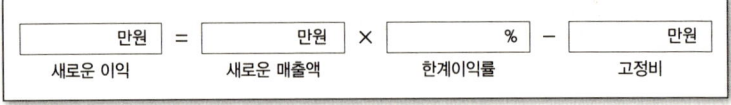

만원	=	만원	×	%	−	만원
새로운 이익		새로운 매출액		한계이익률		고정비

A사의 이익

17억 970만원	=	244억 450만원	×	63.1%	−	136억 8950만원
새로운 이익		새로운 매출액		한계이익률		고정비

B사의 이익

4억 6040만원	=	249억 1510만원	×	40.2%	−	95억 5550만원
새로운 이익		새로운 매출액		한계이익률		고정비

② 고정비가 증감하면 손익분기점 매출액은 어떻게 바뀌는가?

A사, B사 모두 고정비가 3% 향상된 경우 각각의 손익분기점 매출액은 어떻게 바뀌는가?(도표 60)

도표 60

고정비가 증감했을 때의 손익분기점 매출액을 구하는 시산식 [사례2]

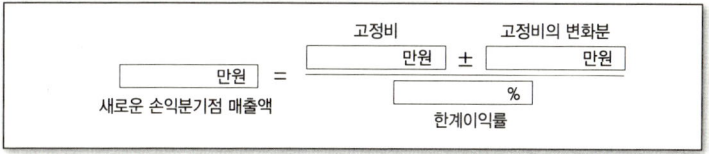

결산서를 분석하고 경영에 활용하라 ••• 233

도표61 고정비를 3% 올렸을 때의 A사와 B사의 손익분기점 매출액

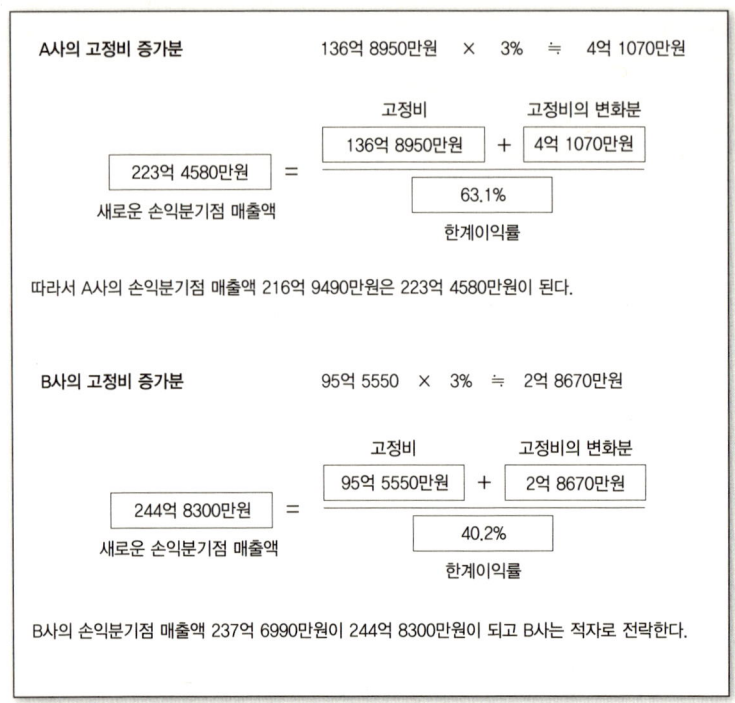

A사의 고정비 증가분   136억 8950만원 × 3% ≒ 4억 1070만원

	고정비	고정비의 변화분

$$\boxed{223억 4580만원} = \frac{\boxed{136억 8950만원} + \boxed{4억 1070만원}}{\boxed{63.1\%}}$$

새로운 손익분기점 매출액   한계이익률

따라서 A사의 손익분기점 매출액 216억 9490만원은 223억 4580만원이 된다.

B사의 고정비 증가분   95억 5550 × 3% ≒ 2억 8670만원

	고정비	고정비의 변화분

$$\boxed{244억 8300만원} = \frac{\boxed{95억 5550만원} + \boxed{2억 8670만원}}{\boxed{40.2\%}}$$

새로운 손익분기점 매출액   한계이익률

B사의 손익분기점 매출액 237억 6990만원이 244억 8300만원이 되고 B사는 적자로 전락한다.

A사의 경우 고정비가 3% 늘어나면 금액은 약 4억 1070만원 증가하게 된다. 현재의 고정비는 136억 8950만원이므로 새로운 고정비는 141억 20만원이다. 이것을 한계이익률 63.1%로 나눈 223억 4580만원이 새로운 손익분기점 매출액이다.

즉 A사에서는 고정비가 3% 올라가면 216억 9490만원이었던 손익분기점 매출액이 6억 5090만원 상승하여 223억 4580만원이 된다. 그러나 A사의 현재 매출액은 234억 450만원이므로 여전히 흑자이다.(도표 61)

한편 B사의 경우는 고정비가 3% 늘어나면 금액으로는 약 2억 8670만원 상승하므로 95억 5550만원이 98억 4220만원이 된다. 이것을 한계이익률 40.2%로 나눈 244억 8300만원이 새로운 손익분기점 매출액이다.

즉 B사에서는 고정비가 3% 올라감으로써 237억 6990만원이었던 손익분기점 매출액이 7억 1310만원 상승하여 244억 8300만원이 된다. 현재 B사의 매출액은 239억 1510만원이므로 손익분기점 매출액을 밑돌게 되며 B사는 적자로 전락한다.

변동비가 증감했을 때의 손익분기점 매출액을 구하는 시산식 [사례3]

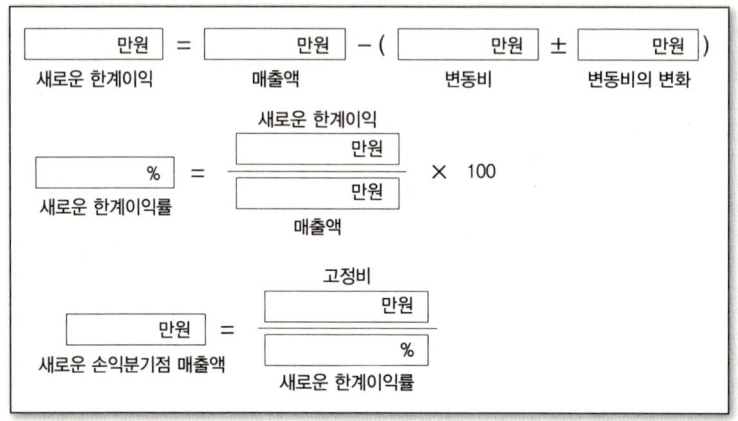

③ 변동비가 증감하면 손익분기점 매출액은 어떻게 바뀌는가?

A사, B사 모두 변동비가 2% 내려가면 손익분기점 매출액은 어떻게 변화할까?(도표 62, 63)

A사의 변동비는 86억 4270만원에서 약 2%에 해당하는 1억 7290만원이 감소, 84억 6980만원이 된다. 따라서 매출액 234억 450만원에서 새로운 변동비를 뺀 새로운 한계이익은 149억 3470만원이 된다. 이것을 매출액으로 나누고 100을 곱해 새로운 한계이익률은 63.8%가 된다. 그곳에서 고정비 136억 8950만원을 이 새로운 한계율로 나누어 얻은 214억 5690만원이 새로운 손익분기점 매출액이 된다.

즉 A사에서는 변동비를 2% 감소함으로써 손익분기점 매출액을 216억 9490만원에서 214억 5690만원으로 2억 3800만원 인하된다.

나아가 새로운 손익분기점 매출액을 매출액으로 나누어 100을 곱한 경영안전율은 91.6%가 되며 1.1% 개선된다. 재무 상태에 더욱 여유가 생겼다.(도표 63)

B사의 경우는 변동비 142억 8920만원이었으므로 그 2%는 약 2억 8580만원이 되고, 새로운 변동비는 140억 340만원이다. 따라서 새로운 한계이익은 매출액에서 새로운 변동비를 뺀 99억 1170만원이 된다. 이것을 매출액 239억 1510만원으로 나누어 100을 곱한 41.4%가 새로운 한계이익률이다.

그리고 새로운 손익분기점은 고정비 95억 5550만원을 새로운 한계이익률로 나누어 얻은 229억 6027만원이 된다. B사의 손익분기점 매출액은 237억 6990만원이므로 8억 963만원도 개선하게 된다. 동시에 경영안전율도 99.4%에서 96.6%로 2.8% 개선된다.(도표 64)

도표 63 변동비가 2% 내려갔을 때 A사의 손익분기점 매출액의 변화

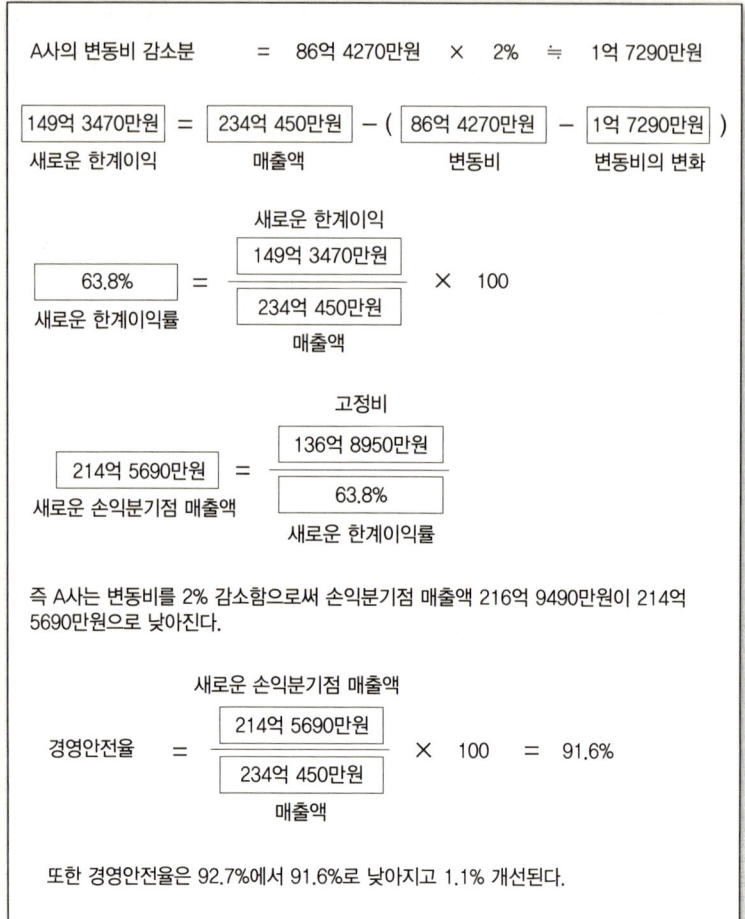

A사의 변동비 감소분 = 86억 4270만원 × 2% ≒ 1억 7290만원

149억 3470만원 = 234억 450만원 - (86억 4270만원 - 1억 7290만원)
새로운 한계이익   매출액   변동비   변동비의 변화

새로운 한계이익
63.8% = 149억 3470만원 × 100
새로운 한계이익률   234억 450만원
                  매출액

고정비
214억 5690만원 = 136억 8950만원
새로운 손익분기점 매출   63.8%
                      새로운 한계이익률

즉 A사는 변동비를 2% 감소함으로써 손익분기점 매출액 216억 9490만원이 214억 5690만원으로 낮아진다.

새로운 손익분기점 매출액
경영안전율 = 214억 5690만원 × 100 = 91.6%
            234억 450만원
            매출액

또한 경영안전율은 92.7%에서 91.6%로 낮아지고 1.1% 개선된다.

도표 64 변동비가 2% 내려갔을 때 B사의 손익분기점 매출액의 변화

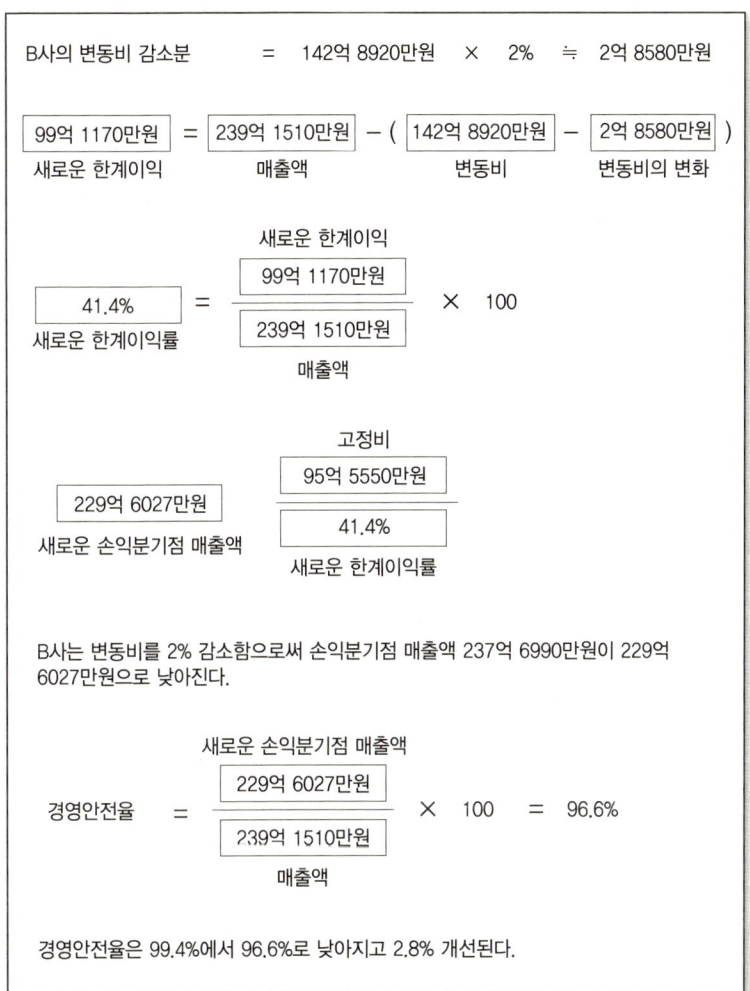

B사의 변동비 감소분 　　=　 142억 8920만원　×　2%　≒　2억 8580만원

$\underset{\text{새로운 한계이익}}{\boxed{99억 1170만원}}$ = $\underset{\text{매출액}}{\boxed{239억 1510만원}}$ − ($\underset{\text{변동비}}{\boxed{142억 8920만원}}$ − $\underset{\text{변동비의 변화}}{\boxed{2억 8580만원}}$)

$$\underset{\text{새로운 한계이익률}}{\boxed{41.4\%}} = \frac{\overset{\text{새로운 한계이익}}{\boxed{99억 1170만원}}}{\underset{\text{매출액}}{\boxed{239억 1510만원}}} \times 100$$

$$\underset{\text{새로운 손익분기점 매출액}}{\boxed{229억 6027만원}} = \frac{\overset{\text{고정비}}{\boxed{95억 5550만원}}}{\underset{\text{새로운 한계이익률}}{\boxed{41.4\%}}}$$

B사는 변동비를 2% 감소함으로써 손익분기점 매출액 237억 6990만원이 229억 6027만원으로 낮아진다.

$$\underset{}{경영안전율} = \frac{\overset{\text{새로운 손익분기점 매출액}}{\boxed{229억 6027만원}}}{\underset{\text{매출액}}{\boxed{239억 1510만원}}} \times 100 = 96.6\%$$

경영안전율은 99.4%에서 96.6%로 낮아지고 2.8% 개선된다.

④ 목표 이익을 포함한 손익분기점 매출액은 어떻게 바뀌는가?

지금까지는 매출액, 비용, 이익 관계에 초점을 맞추면서 '이익 제로'가 되는 손익분기점 매출액을 산출하는 방법을 중심으로 이야기했다. 그러나 회사는 이익을 창출해야만 하는 조직이다. '이익 제로'면 의미가 없다. 따라서 그 수지는 본래 필요(목표) 이익을 포함한 손익분기점 매출액으로 관리해야 한다.(도표 65)

도표 65

필요(목표) 이익을 포함한 손익분기점 매출액을 구하는 시산식 [사례 4]

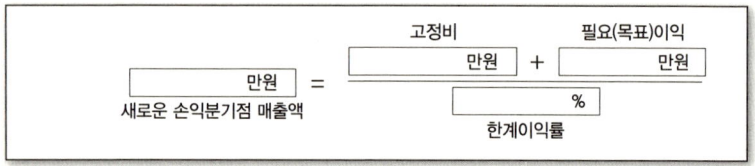

A사, B사 모두 고정비와 한계이익률은 현상 그대로, 경상이익 3억원을 목표로 하는 손익분기점 매출액을 계산해 보자.

A사의 경우, 고정비 136억 8950만원에 필요(목표) 이익 3억원을 더하면 139억 8950만원. 이것을 한계이익률 63.1%로 나누면 221억 7040만원이라는 새로운 손익분기점 매출액을 얻을 수 있다.

B사의 경우는 고정비 95억 5550만원에 3억원을 더해 98억 5550만원이 된다. 이것을 한계이익률 40.2%로 나누면 새로운 손익분기점

매출액은 245억 1620만원이 된다.

이익으로 같은 3억원을 확보해도 한계이익률이 높은 A사와 비교하여 낮은 B사 쪽이 좀더 커다란 매출액을 필요로 함을 알 수 있다. 다시 말하면 한계이익률이 높을수록 편하게 이익을 늘리게 되는 것이다.(도표 66)

도표 66 목표이익 3억원을 포함한 A사와 B사의 손익분기점 매출액의 변화

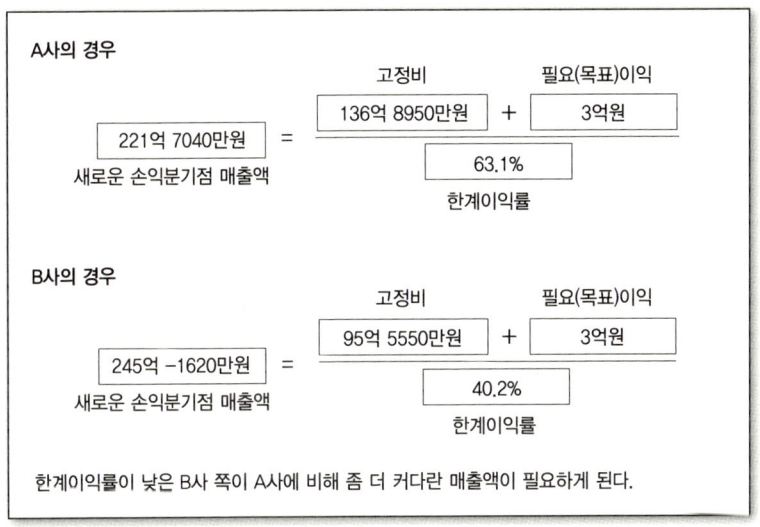

이상과 같이 채산성 분석에서는 시점을 바꾸고, 조건을 바꾸면서 모든 가설을 검토할 수 있다.

예를 들어 얼마나 한계이익률을 올리면 매출에서 어느 정도 이익이 나오게 되는가? 또 한계이익률을 올리기 위해 변동비율을 낮추어야 하는가? 매출을 상승시켜야 하는가? 어느 쪽이 간단할까? 영업이익을 높이기 위해 한계이익 상승을 도모해야 할까? 그렇지 않으면 고정비를 삭감해야 할까? 그와 같은 시산도 가능하다. 모든 시점에서 시뮬레이션을 행하여 모든 의문에 대한 대답을 찾아내야 한다.

지금이 바로
당신의 의식을
개혁할 때

사장부인이 바뀌면 회사도 바뀐다

■ ■ ■

자기를 찾아낼 기회를 얻고
자기의 역할을 알게 되었다

 필자가 컨설텐트 계약을 하고 있는
회사에서 실제로 체험한 일이다.

기계부품을 제조하고 있는 그 회사는 리먼 쇼크 이후 남들처럼 일
이 심하게 줄어들어 회사 내 분위기가 가라앉아 있었다.

사장의 입에서 나오는 것도 "손쓸 방법이 없다."라던가 "도저히 중
국은 승산이 없어." 등 경기가 나쁜 탓만 할뿐, 먼저 사장 스스로 활기
차게 나가지 않으면 시작할 수 없는데도 너무나 근심걱정이 많아 피
로에 절어 있는 모습이었다. 그렇다고 무턱대고 격려하기만 해서 사
장을 더욱 궁지로 몰아넣으면 안 된다.

사장 대신 사내의 분위기를 되살릴 만한 사람이 없을까? 사장부인
도 열심히 하고 있지만 아직은 모든 직원의 신뢰를 얻은 상태는 아니
다. 필자는 경영간부들의 얼굴을 한 사람씩 둘러보았다. 그리고 인사

담당 상무에게 눈길이 멈추었다.

상무는 옛날부터 재직해 왔던 간부의 한 사람으로 젊은 직원들로부터 존경받고 있었다. 다만 온화하고 소극적인 성품 탓인지 자기의 의견을 주장하거나 외부에 나가 두드러지게 활약을 하지도 않았다. 필자는 '그런 상무이기 때문에 사내의 분위기를 바꿀 수 있다. 상무가 움직이면 모두가 움직여줄지도 모른다' 고 생각했다.

중견직원 이상이 모인 업무회의 날, 평소라면 사장과 나란히 필자가 앞자리에 앉고 직원들의 얼굴을 보면서 회의를 진행한다. 그러나 그 날은 맨 뒤를 향해 말을 걸었다.

"상무님, 이쪽으로 나오시지 않겠습니까? 오늘은 상무님께서 회의를 진행해주십시오."

상무는 한 순간 놀란 얼굴을 했지만 이윽고 각오를 한 듯한 모습으로 걸어 나와 진행자 자리에 앉았다. 그리고 훌륭하게 회의진행을 마친 후 이렇게 말했다.

"오늘까지 저는 제 역할을 알 수 없었습니다. 그런데 오늘 여기에 앉아 상무로서 해야 할 역할을 깨달았습니다. 나를 발견할 수 있는 기회를 주어 정말 감사드립니다. 앞으로 사장님의 손발이 되어 회사를 다시 일으키도록 최선을 다할 각오입니다."

직원들 사이에서 자연스럽게 박수가 나왔고 상무는 머리숙여 인사를 했다.

이날 확실히 한 사람의 직원이 바뀌었다. 그것은 회사 전체가 바뀌기 시작하는 계기에 불과했다. 한 사람이 바뀌고 다른 또 한 사람이 영향을 받고, 또 다른 직원이 그것을 따라하고……. 조직이란 그런 식으로 바뀌어가는 것이 아닐까?

다음 달 필자는 다시 그 회사를 방문하여 사장과 면담을 했다. 놀라운 일은 불과 1개월 전에는 "손쓸 방법이 없다." "미래가 보이지 않는다."고 말하던 사장이 꿈을 이야기하기 시작했다는 것이다.

"중국에서 점점 일이 밀려오고 있는데 아직 품질관리나 납기 측면에서 맞출 수가 없다. 우선 국내에서 살아남아야 한다. 그러기 위해 사내의 인재육성이 중요하다……."

숫자는 바뀌지 않는다. 이것은 필자의 말버릇이다. 숫자는 그 자체만으로 바뀌지 않는다. 그래도 사람이 바뀌면 숫자도 바뀌고 조직도 확실하게 바뀌나갈 수 있다. 결국 회사를 움직이는 것은 사람이다.

사장부인이 바뀌면 회사는 더욱 발전된다

물론 사장부인도 회사를 바꿔 나갈 수 있는 커다란 가능성을 지니고 있는 사람 중의 하나이다.

'사장부인 혁신강좌' 수강생 중에는 어느 시기부터 무언가가 쑥 하고 빠져나간 것처럼 바뀌기 시작하는 사람이 있다. 이전에는 회사나 사장에 대한 불평불만만 늘어놓고 자기는 전혀 움직이려 하지 않았던 사장부인이 '필자가 하지 않으면……' 하고 생각하기 시작한다.

'사장부인 혁신강좌'에서는 사장부인의 마음가짐부터 경영분석이나 자금융통 방법까지 폭넓게 배운다. 본서에서도 그 일부인 결산서 만드는 방법과 읽는 방법을 소개했다. 그러나 그러한 학습을 통해 필자가 사장부인들에게 가장 배우기를 바라는 것은 '의식개혁'이다. 우선 사장부인으로서의 역할을 인식하고 책임을 자각하기 바란다.

'필자가 하지 않으면……' 하는 생각을 시작할 때부터 사장부인도 함께 바뀌기 시작한다. 회사에 있어서 그리고 누구보다도 사장에게 마음 든든한 후원자나 지원자가 될 수 있다.

사장은 고독한 존재이다. 불안이나 고민거리가 있어도 직원 앞에서 가볍게 나약한 소리를 할 수도 없다. 어떤 방황이 있어도 결단해야 할 때도 있다. 그리고 회사의 운명도 직원의 생활까지 포함하여 모든 책임을 짊어지고 가야 한다.

얼굴에 내색하지 않을지는 몰라도 사장은 늘 주위와의 의사소통을 요구하고 있다. 누군가가 자기를 향해 고민이나 불안을 공유하고 함께 생각해주기를 원하고 있다. 회사 내에서 그러한 상대를 얻을 수 있다면 사장은 훨씬 강해지고 발상도 풍요로워질 것이다.

그럼, 그런 상대가 될 수 있는 사람은 누구일까? 사장부인, 당신이 첫 번째 후보자이다. 사장부인이 사장을 이해하고 사장에게 협력하고 사장을 활기차게 만들어준다면 회사는 확실히 잘 운영된다.

그런데 유감스럽게도 많은 중소기업에서 사장과 사장부인의 관계가 원만하지 못하다. 이해하고 서로 협력하는 것이 아니라 서로 불만만 말하거나 무시하는 사례가 적지 않다. 사장과 사장부인이 사사건건 대립하며 물어 뜯고 싸우는 회사도 있다.

그런 상태로는 이 험난한 시대에서 살아남을 수 없다. 회사를 위해서라도 직원을 위해서라도 사장부부의 관계를 개선할 필요가 있다.

먼저 사장부인 쪽에서 바꿔보지 않겠는가? 사장부인이 바뀌면 사장도 바뀌고 적어도 사장부인의 눈에 보이는 사장의 모습이 달라질 것이다. 그것이 사장을 이해하고 지탱해주기 위한 첫걸음이 된다.

사장의 꿈이 직원들의
행복지수를 결정한다

 회사는 무엇을 위해 존재하는 것일까? 필자는 언제나 이렇게 대답한다.

"회사를 경영하는 목적은 사장의 꿈과 직원의 행복 실현입니다."

그럼, 그렇다면 내 꿈은 어떻게 되는 것이지?

나의 행복은 아무래도 괜찮은가?

사장부인 중에는 이런 식으로 생각하는 사람이 있을지도 모른다. 그럼 생각해 보자. 사장의 꿈이 현실이 되고 직원이 모두 행복한 생활을 영위한다면 사장부인도 그만큼 행복하지 않을까?

그를 위해서라도 사장부인으로서의 역할과 마음가짐을 배우고, 회사를 위해, 직원을 위해 해야 할 것을 배우기 바란다. 그리고 사장의 파트너로서 잘 활용되기 위해 필요한 지식과 기술을 배우자. 그것들은 사장부인이 사장을 확실하게 떠받치고 회사를 성장시키고 직원과 그 가족들의 행복을 실현하기 위한 강력한 무기가 된다.

마지막으로 슬픈 일화를 소개하고 싶다. 사장부부가 자기들의 역할과 입장을 오해하고 경영에 관한 지식도 모자랐기 때문에 양친에게 물려받은 회사가 파산한 이야기이다.

사장부인에게 부탁을 받고 처음 그 회사의 결산서를 보았을 때 필자는 아연실색했다. 몇 년 전부터 실적이 기울고 있는 것이 분명하고 거의 위기상황이었다.

그래도 뭔가 갖고 있었던 것은 인건비가 아주 싸다는 것이었다. 직원의 평균연봉이 3000만원이 조금 안 되었다. 30세 이상으로 부양가족이 있는 직원도 많았는데 그런 연봉으로는 가족이 먹고사는 것만으로 빠듯할 것이다.

더욱 놀란 것은 직원들은 그렇게 저임금으로 일하게 하면서 사장부부는 둘이 합해 2억 4000만원의 임원보수를 받아가고 있었다.

"이건 이상하다."고 필자는 설명했다. 이렇게 경영이 악화되었는데도 고액의 임원보수를 챙겨간다면 한순간에 파산해 버릴 것이다. 직원도 힘써서 일하지 않을 것이다. 회사의 이념이고 뭐고 아무 것도 없다. 충성심을 바라다니 당치도 않은 이야기이다. 직원이 일상생활을 할 수 있느냐 없느냐 생사의 갈림길에 놓여 있는데…… 그러나 사장은 필자가 말하는 뜻을 모르는 듯했다. 창업자의 일족인 자신들은 특별하다는 의식에 사로잡혀 있었고 고액의 임원보수를 받아가는 것은 당연하다고 생각하고 있었다. 1년 반 후 그 회사는 파산했다. 그때 사장부부가 처음 한 말이 잊혀지지 않는다.

"우리들은 아무 것도 공부하지 않고 무지한 채로 회사를 경영해왔다. 그 결과 부모에게 물려받은 회사를 망하게 했다."

기업의 경영자에게는 그 나름의 사회적 책임이 있다. 사장부인은 그 책임을 사장과 공유해야 한다. "몰랐다."라는 말로 끝나지 않는 일도 있다. 중소기업에게 더욱 어려운 상황이 지속되고 있는 현재, 사장부인의 고뇌는 점점 깊어질 것이다. 산적해 있는 문제와 과제도 산더미처럼 쌓여있을 것이다.

그래도 생각에 따라 계속해서 과제를 풀어나가는 것은 행복한 일이다. 문제를 하나 해결함으로써 다음 문제로 착수해나갈 수 있으니까 말이다. 하나하나 문제를 해결하고 성과를 내면서 다음으로 또 그 다음으로 진행해 나간다면 사장부인으로서 감동과 기쁨도 느끼게 되고 행복해지는 것이 아닐까?

부디, 당신 나름의 '사장부인의 행복'을 발견하기 바란다.

야노 치즈(矢野 千壽)

1942년 야마구치현 시모노세키 출생. 1967년 가업 후쿠오카 지점을 개설하고 14년간 경영에 참여. 1981년 남편의 투병생활을 유지하기 위해 제일선에서 물러나 출판사의 경리로 전직. 적자체질 기업을 재무면에서 개선하고 단기간에 우량기업으로. 86년 남편과 사별. 1987년 회계사무소에 입사하여 고문처를 경영 지도. 1997년 컨설팅회사 ㈜아로필드를 설립하고 대표이사로 취임.

현재 "일본 최초! 사장부인 육성 컨설턴트"로서 TV · 라디오 · 잡지 · 세미나 등에서 활약중. 특히 『사장부인 혁신강좌』를 통해 많은 사장부인의 전력화에 성공. 지금까지 800명이 넘는 사장부인이 졸업하여 회사의 넘버2로서 사장을 떠받치는 활약을 하고 있다.

박해순

번역가로 활동 중이며, 현재 전쟁과 여성인권센터 연구위원, 한국사업관리연구원 연구위원으로 참여하고 있다. 역서 : 《성과 미디어》《뇌내혁명2》《춤추는 무당과 춤추지 않는 무당》《공자의 식탁》《일본군 위안부 문제》《지적 즐거움》《군대와 성폭력》(근간) 등

이제부터 사장부인은
재무분석의 프로다

2012년 3월 20일 초판 1쇄 인쇄
2012년 3월 25일 초판 1쇄 발행

지은이 야노 치즈(矢野 千壽)
옮긴이 박해순
편집주간 이화승
교정 홍미경, 이혜림, 이준표
제작 서동욱, 이경진
영업관리 윤국진
영업기획 김관호, 이장호
발행인 이원도
발행처 베이직북스
E-mail basicbooks@hanmail.net
주소 서울 마포구 동교동 165-8 LG팰리스 1508호
등록번호 제313-2007-241호
전화 02) 2678-0455
팩스 02) 2678-0454
ISBN 978-89-93279-96-2 13320
값 13,000원

*잘못된 책이나 파본은 교환하여 드립니다.